Ser livre
com
Sartre

Dados Internacionais de Catalogação na Publicação (CIP)
(Câmara Brasileira do Livro, SP, Brasil)

Allouche, Frédéric
　　Ser livre com Sartre / Frédéric Allouche ; com a colaboração de Anne Jouve ; tradução de João Batista Kreuch. – Petrópolis, RJ : Vozes, 2019.

　　Título original : Être libre avec Sartre.
　　Bibliografia.

　　3ª reimpressão, 2020.

　　ISBN 978-85-326-6047-3

　　1. Autoconhecimento 2. Filosofia francesa 3. Sartre, Jean-Paul, 1905-1980 – Crítica e interpretação I. Jouve, Anne II. Título.

19-23327　　　　　　　　　　　　　　　　　　　　　CDD-194

Índices para catálogo sistemático:
1. Filosofia francesa　194

Maria Alice Ferreira – Bibliotecária – CRB-8/7964

Ser livre
com
Sartre

FRÉDÉRIC ALLOUCHE
Com a colaboração de Anne Jouve

Tradução de João Batista Kreuch

© 2010, Groupe Eyrolles, Paris, France.
Edição brasileira contratada através da Agência Literária A.C.E.R.

Título do original em francês: *Être libre avec Sartre*

Direitos de publicação em língua portuguesa – Brasil:
2019, Editora Vozes Ltda.
Rua Frei Luís, 100
25689-900 Petrópolis, RJ
www.vozes.com.br
Brasil

Todos os direitos reservados. Nenhuma parte desta obra poderá ser reproduzida ou transmitida por qualquer forma e/ou quaisquer meios (eletrônico ou mecânico, incluindo fotocópia e gravação) ou arquivada em qualquer sistema ou banco de dados sem permissão escrita da editora.

CONSELHO EDITORIAL

Diretor
Gilberto Gonçalves Garcia

Editores
Aline dos Santos Carneiro
Edrian Josué Pasini
Marilac Loraine Oleniki
Welder Lancieri Marchini

Conselheiros
Francisco Morás
Ludovico Garmus
Teobaldo Heidemann
Volney J. Berkenbrock

Secretário executivo
João Batista Kreuch

Editoração: Elaine Mayworm
Diagramação: Sheilandre Desenv. Gráfico
Revisão gráfica: Alessandra Karl
Capa: Renan Rivero

ISBN 978-85-326-6047-3 (Brasil)
ISBN 978-2-212-55220-1 (França)

Editado conforme o novo acordo ortográfico.

Este livro foi composto e impresso pela Editora Vozes Ltda.

Sumário

Modo de usar, 7

I – Os sintomas e o diagnóstico – A armadilha do determinismo, 11

Uma liberdade aprisionada, 13

Os outros, esse inferno..., 22

A pressão normativa da sociedade, 32

II – As chaves para compreender – A consciência, livre potência criadora, 41

O homem não é uma coisa, ele pensa, 43

Nossa situação não passa de uma entre muitas possibilidades, 51

O impasse da má-fé, 60

III – Os meios de agir – Agir para existir livremente, 71

Uma vida simplesmente pensada é uma não-vida, 73

Definir-se e redefinir-se constantemente, 84

Saborear a alegria da autenticidade, 93

IV – Uma visão do sentido da existência – Um ateísmo dinâmico, 103

Nós estamos desamparados, e então?, 105

Elogio da angústia, 113

Engajar-se com o outro em um projeto humanista, 124

Elementos de uma vida, 133

Guia de leitura, 137

Modo de usar

Este é um livro de filosofia diferente dos demais.
A filosofia sempre teve a ambição de melhorar nossa vida, fazendo-nos compreender quem somos. Mas a maioria dos livros de filosofia interessou-se, sobretudo, pela questão da verdade e limitou-se a estabelecer fundamentos teóricos, sem interesse pelas aplicações práticas. Nós, ao contrário, iremos tratar daquilo que podemos extrair de uma grande filosofia com vistas a mudar nossa vida: o pequeno detalhe cotidiano, assim como o olhar que lançamos sobre nossa existência e o sentido que lhe damos.
No entanto, não se pode pensar a prática sem revisar a teoria. A felicidade e a realização se complementam mutuamente e nenhuma delas acontece sem um esforço de reflexão. Procuraremos evitar a complacência e as receitas fáceis de certos manuais de desenvolvimento pessoal. Uma nova maneira de agir e de viver implica sempre também uma nova maneira de pensar e de se conceber. Descobriremos assim o prazer, por vezes vertiginoso, do pensamento que, por si só, provoca já uma mudança em nossa vida.
Por isso, convidamos o leitor a refletir sobre alguns conceitos antes de lhe propor interrogar-se sobre si mesmo. Primeiramente cabe-nos identificar nossas questões, em seguida interpretá-las com a ajuda de novas teorias para, enfim, poder remediá-las por meio de ações concretas. Somente depois que já tivermos mudado nossa maneira de pensar, de sentir e de agir é que poderemos nos interrogar a respeito do quadro mais amplo de nossa vida e seu sentido. É por isso que este livro, dividido em quatro grandes partes, avançará da seguinte forma:

I – Os sintomas e o diagnóstico

Nós determinamos inicialmente o problema a ser resolvido: De que sofremos e o que é que determina a condição humana? Como compreender com precisão nossos equívocos e nossas ilusões? Abordar os problemas de forma correta já é um primeiro passo em direção à sua solução.

II – As chaves para compreender

O que é que a filosofia traz de novo para iluminar essa compreensão? O que é que devemos mudar radicalmente em nossa maneira de ver para assumir de fato nossa vida? Aqui o leitor conhecerá as teses mais inovadoras da filosofia, as quais o ajudarão a produzir um novo olhar sobre si mesmo.

III – Os meios para agir

Como essa nova concepção do ser humano muda nossa maneira de agir e de viver? Como se pode aplicar ao cotidiano nossa nova filosofia? Como nosso pensamento transforma nossas ações que, por sua vez, transformam quem nós somos? O leitor encontrará aqui receitas que podem ser aplicadas ao seu cotidiano.

IV – Uma visão do sentido da existência

Apresentaremos, enfim, as teses mais metafísicas, mais especulativas de Sartre. Se o leitor já aprendeu a gerir melhor sua vida no dia a dia, resta-lhe agora descobrir um sentido mais global para enquadrar sua experiência. Enquanto os capítulos precedentes lhe mostravam *métodos*, *meios* para viver melhor, nesta última parte ele se confrontará com a questão do propósito, a *finalidade* da existência, que não pode ser determinado sem uma visão global e metafísica do mundo e do lugar que ocupamos nele.

Assim, esta obra não é um livro apenas para ser lido, mas também para ser posto em prática. Questões concretas a respeito de nossa vida acompanham as teses apresentadas em cada capítulo. Não o leia passivamente, mas arregace as mangas para questionar sua vida e obter, assim, respostas honestas e pertinentes. Com provocações e exercícios concretos, você será incitado a trazer para dentro de sua vida concreta os ensinamentos da filosofia. Da mesma maneira, esforce-se para apropriar-se deles e encontrar situações oportunas para praticá-los seriamente.

Você está pronto para começar a viagem? Pode ser que ela o surpreenda, ou pareça, às vezes, árida, ou quem sabe chocante... Você está preparado para sentir-se desestabilizado, arremessado em uma nova maneira de pensar e, portanto, de viver? Essa viagem através das ideias de um filósofo do século XX o transportará também para o fundo de você mesmo. Então, deixe-se guiar ao longo destas páginas, acompanhando as questões e as ideias apresentadas, para descobrir como o pensamento de Sartre pode mudar sua vida.

I

Os sintomas
e o
diagnóstico

A armadilha do determinismo

Uma liberdade aprisionada

A maioridade foi fixada na grande parte dos países em 18 anos. Somos assim considerados livres e responsáveis por nossas ações e atos, e precisamos responder por qualquer infração à lei. Aquele que desrespeita a lei merece então ser punido, uma vez que se pressupõe que ele seria capaz de ter-se comportado de outra maneira no momento de sua ação, e que ele escolheu conscientemente entre o "bem" e o "mal". Significa dizer que a sociedade considera adquirida a realidade de nosso livre-arbítrio. Contudo, a partir de uma sondagem realizada em março de 2010, 55% dos franceses interrogados se achavam cada vez menos livres[1].

Nossa percepção, portanto, está um pouco distante em relação à declaração institucional, e esse livre-arbítrio de que seríamos depositários, na qualidade de adultos, nós o vivemos, em vez disso, como um engodo.

Um implacável determinismo

Fora da sociedade, em nossa vida pessoal, não temos às vezes a impressão de sermos prisioneiros, por exemplo, de nosso meio social ou de nossa família, de onde parece impossível nos libertarmos? Nunca tivemos o sentimento de ser predefinidos por nossa natureza ou por nossa infância? Como se tudo estivesse

---

1 "Liberté, égalité, fraternité: Où en sommes-nous aujourd'hui" [Pesquisa TNS Sofres/Logica, 25 e 26 de março de 2010].

previamente decidido, sem possibilidade de mudar qualquer coisa que seja? Assim, se somos desajeitados, achamos que esse defeito faz parte integrante de nós, e que nada podemos fazer sobre isso. "É assim mesmo." Nosso entorno inclusive nos define *por conta* desse defeito: "Realmente, como ele é desajeitado!" E, habituados assim à chacota, passamos a nem conseguir mais nos imaginar de outra forma. Se formos medrosos, irá nos parecer mais óbvio encarar a profissão de técnico em contabilidade do que a de salva-vidas, mesmo que achemos que não existe profissão mais bonita do que a de salvar vidas alheias. Nós mesmos poderíamos caracterizar a lista de nossos amigos reduzindo-os a uma singularidade: Fulano é engraçado, sicrano é sempre indeciso, nunca se pode contar com ele etc.

Desse modo, estamos assumindo uma perspectiva determinista segundo a qual todos somos idênticos porque somos munidos de características que não dependem de nós, mas de uma causalidade anterior à nossa existência. A partir daí, nossa liberdade se encontra amarrada e nos sentimos prisioneiros, condenados a determinados limites intransponíveis. Qualquer que seja o triste destino que nos aflige, iremos procurar as causas em coisas que não dependem de nós: somos desse jeito mesmo, é a vida, nada podemos fazer.

Nessas condições é difícil não cair no desânimo e na resignação. Tudo acontece como se tivéssemos sido primeiramente pensados, refletidos, antes de sermos produzidos assim como um objeto concebido quanto a seus atributos, sua ou suas funções, por aquele que o produz. Como se respondêssemos a uma definição, a uma essência, que *marca* nossa existência:

> Quando consideramos um objeto fabricado, como um livro ou um corta-papel, por exemplo, esse objeto foi fabricado por um artífice que se inspirou em um conceito; ele tinha como base o conceito de corta-papel e, também, uma certa técnica de produção anterior que faz parte do conceito e que, no fundo, é uma fórmula. Desse modo, o corta-papel é simulta-

neamente um objeto que se produz de determinada maneira e que, por outro lado, possui uma utilidade definida, e não se pode supor que um homem produza um corta-papel sem saber para que tal objeto sirva. Então, dizemos que, para o corta-papel, a essência – ou seja, o conjunto dos procedimentos e das qualidades que permitem produzi-lo e defini-lo – precede a existência (*O existencialismo é um humanismo*, p. 23)[2].

Aderir a uma visão determinista da existência é, assim, sentir-se condenando à fatalidade em razão de seu sexo, de suas origens ou de sua infância. Mas, uma visão assim repousa sobre uma verdade ou sobre uma ilusão? Uma coisa é certa: questionarmo-nos sobre a pressão externa a que somos submetidos, identificar aquilo que nos aliena, pôr em evidência as diferentes formas de determinismo a que estamos sujeitos é dar a nós mesmos uma chance de nos desvencilharmos e nos libertarmos dele.

Prisioneiros de modelos religiosos ou filosóficos

Se formos monoteístas, teremos a tendência a pensar que Deus criou o ser humano dotado de pensamento e de vontade, e que nosso interesse pelo bem é permanentemente contrariado pelo mal, a tentação, o pecado. Desse modo, se nós mentimos ou manipulamos para colher os louros de um trabalho que não fizemos, ficamos oprimidos por nossa consciência pesada porque agimos mal, em oposição às regras morais que se encontram claramente definidas nos livros sagrados. Pois "está escrito", e nós participamos de um jogo cujas regras não escolhemos e cujas consequências são enormes: o inferno ou o paraíso.

Tais concepções não são propriamente religiosas; elas também podem ser encontradas em toda a tradição filosófica. O que

---

2 As páginas indicadas dessa obra remetem à sua edição em português publicada no Brasil pela Ed. Vozes. Cf. SARTRE, J.-P. *O existencialismo é um humanismo*. 4. ed. Petrópolis: Vozes, 2014 [Apresentação e notas Arlette Elkaïm-Sartre. Trad. João Batista Kreuch] [Coleção Textos Filosóficos].

é o homem, para os filósofos gregos? O ser que, em virtude de sua própria natureza, deve buscar a sabedoria, encarnar a humanidade em sua *Arete*, ou seja, em sua excelência, sua perfeição. Um modelo, portanto, é definido e deve orientar toda existência individual. Esse questionamento acerca da natureza humana encontrará uma variante séculos mais tarde, na época das Luzes. O homem é bom ou mau por natureza? Ou então, como diz Kant, sacudido entre sua busca de felicidade e as leis morais implacáveis de sua razão?

Se as representações da humanidade são, assim, múltiplas, a forma de pensar permanece a mesma, apesar de tudo: nossa evolução se daria sobre o pano de fundo de elementos que antecedem nossa existência, que não escolhemos e que nos modelam:

> Se concebermos Deus como criador, ele será, na maior parte das vezes, semelhante a um artífice superior; e qualquer que seja a doutrina que consideremos, quer se trate de uma doutrina como a de Descartes ou como a de Leibniz, admitimos sempre que a vontade segue mais ou menos o entendimento ou, pelo menos, o acompanha, e que Deus, quando cria, sabe precisamente o que está criando. Assim, o conceito de homem, a mente de Deus, é semelhante ao conceito de corta-papel na mente do fabricante; e Deus produz o homem de acordo com técnicas e com uma concepção, exatamente como o artífice fabrica um corta-papel seguindo uma definição e uma técnica (*O existencialismo é um humanismo*, p. 24).

Prisioneiros de nossa natureza

Se o conceito de humanidade supõe uma predeterminação universal, para além dos lugares e das épocas, de que toda vida humana é apenas a variação original de um só e mesmo modelo, existem, no entanto, no seio desta humanidade, do mesmo modo que um gênero comporta diversas espécies, categorias gerais unidas por especificidades comuns. Tomemos o exemplo da mulher. Para o determinista, a mulher, por sua natureza própria, possui uma inteligência e uma afetividade singulares, tendências reservadas unicamente a ela. Toda mulher teria, assim, o instinto maternal inato, seria apaixonada pela cozinha, e toda mulher seria naturalmente incapaz de construir uma muralha. Haveria, consequentemente, uma essência feminina, um quadro estrutural que delimita o potencial feminino. Autora de *O segundo sexo*, a existencialista Simone de Beauvoir, amiga e confidente indefectível de Sartre, vê nisso tudo não mais que uma construção imaginária, uma estratégia social de dominação e de discriminação, um meio hábil de produzir mães, esposas submissas e domésticas! Retornaremos a isso.

Mas as mulheres não são as únicas vítimas do essencialismo. Dentro do mesmo padrão podem ser elaboradas também as figuras do negro – naturalmente dado ao esporte –, do árabe – forçosamente ladrão –, ou do judeu – inelutavelmente avarento –, todos irremediavelmente fiéis a suas falhas, seus vícios e ao perigo que representam. Não há nada que se possa fazer, eles não podem escapar de sua natureza, afirmam os racistas. A menos que tal natureza, como sugere Sartre a propósito dos judeus, seja apenas uma invenção oportuna dos que a invocam:

> Se a Igreja da Idade Média tolerava os judeus quando podia forçá-los à assimilação ou massacrá-los, é porque eles preenchiam uma função econômica de primeira necessidade: malditos, eles exerciam uma profissão maldita, mas indispensável; não podendo possuir terras nem servir ao exército, eles praticavam o comércio da prata, que um cristão não podia assumir sem sujar-se. Desse modo, a maldição original replicou-se rapidamente em uma maldição econômica e foi, sobretudo, esta que persistiu. Criticam-se hoje os judeus por exercerem profissões improdutivas, sem dar-se conta de que sua aparente autonomia no interior da nação vem do fato de que foram primeiramente impelidos a essas profissões ao serem proibidos de exercer as outras. Assim, não é exagero dizer que foram os cristãos que criaram o judeu ao provocar uma brusca barreira à sua assimilação e fornecer-lhe, apesar disso, uma função em que ele, a partir disso, aprimorou-se (*Réflexions sur la question juive*, p. 74-75, tradução livre).

Universal ou geral, o discurso essencialista também pode atingir o indivíduo em sua singularidade. Nesse caso, evoca a questão do temperamento e do caráter. Assim, não nos admiraríamos se nosso técnico contador, que mencionamos mais acima, caso revelasse o desejo de tornar-se salva-vidas, se deparasse com uma reflexão do tipo: "Você, salva-vidas? Quando era pequeno você tinha medo até da água do seu banho!" Fica difícil perseverar, realmente...

Por si só, nosso temperamento nos condenaria a uma via completamente traçada: medrosos nós nascemos, medrosos permaneceremos, é inato. Em *Saint Genet, comediante e mártir*, Sartre analisa assim o caso de Jean Genet, escritor iconoclasta e provocador genial que, após seu primeiro furto com a idade de dez anos, passou logo a ser "definido" como um vadio por sua família tutelar.

Também pela genética, atualmente, esse *inatismo* é endossado ou, pelo menos, o que é possível fazer com ele: um instrumento de discursos e práticas de estigmatização e de exclusão. Lembremo-nos do debate público de algumas décadas atrás em torno de um pseudogene da hiperatividade, da delinquência, da falta de civilidade.

Prisioneiros de nossa infância

Quando ouvimos afirmarem que nossa natureza é predefinida desde nossos primeiros anos, isso remete à ideia de que nós seríamos prisioneiros de nosso passado. Se nossa juventude foi difícil, se fomos criados em um ambiente pobre, isso necessariamente embasaria nossa personalidade, nossos desejos e as escolhas de vida que fazemos. Nossa infância seria, por isso, determinante e intransponível. Se temos a impressão de fracassar em tudo que empreendemos, de andar em zigue-zague, isso talvez remeta ao sentimento enraizado de termos sido pouco amados por nossos pais, preteridos em relação a um irmão que, ele sim, foi bem-sucedido em tudo, seja nos estudos, seja em sua vida profissional e pessoal. De que adiantaria tentar mudar o destino; o filho preferido brilhará sempre mais do que nós. O que é adquirido substitui assim o que é inato para justificar tantos abandonos e privações. Encerrados dentro desse sofrimento, a maioria de nós volta-se então para nosso inconsciente, depositário dos traumatismos do passado, a fim de encontrar uma explicação para nossos pensamentos e nosso comportamento. Depositamos desse modo, sobre nosso terapeuta, o fardo de nos livrar de obstáculos que atrapalham nossa existência; persuadimo-nos de que fora da terapia não há salvação, de que não há libertação possível sem uma longa e metódica exploração do passado. Para Sartre, a psicanálise freudiana é determinista e veta qualquer perspectiva livre e espontânea de evolução pessoal. Pois, se o único imperativo é voltar-se para sua infância, para esses primeiros anos necessariamente culpáveis como as circunstâncias e o ambiente da época, como não cair na armadilha do ressentimento ou mesmo da vingança em relação àqueles que nos educaram? Enjaulados em acertos de conta, como podemos mudar de maneira autônoma?

O veneno da resignação

Se nada jamais poderá nos mudar – porque procedemos e somos definidos por uma essência anterior –, ou seja, se o essencial escapa à nossa vontade, como evitar que nos sintamos esmagados e manter outras perspectivas de vida? O fanatismo mata nosso desejo, freia nossa ambição, paralisa nossa criatividade. Ficamos em um círculo restrito de algumas possibilidades sem grande esperança de poder expandi-las ou ultrapassá-las. A vida sonhada fica reservada a outros, aos sortudos que foram premiados com uma natureza "privilegiada", uma infância favorável e promissora. Quanto a nós, devemos aceitar as coisas com renúncia e privação, viver com nossa frustração, nossa inveja. A melhor profissão, o parceiro ideal e os filhos perfeitos são reservados ao nosso irmão; a instabilidade profissional e o eterno celibato são nossa cruz. A nós, resta nos refugiar no imaginário. Viver a vida por procuração, no cinema ou nos livros, parecerá uma solução satisfatória. Pois sonhar não é melhor do que buscar projetos inacessíveis? Acreditando que não haja outra opção além de nos aceitar como somos, ficamos em perpétua ruptura conosco próprios. Temos a impressão de que há sempre uma separação, uma falta irreparável, um fosso intransponível entre aquilo que somos e nossas aspirações, condenando-nos assim a uma insatisfação eterna, porque pensamos que criar nossa própria existência, ir em frente, edificar projetos, realizarmo-nos e estar em harmonia conosco mesmos é algo simplesmente impossível. Percebemos assim, em uma pequena frase, como podemos nos achar presos na imagem que os outros fazem de nós. O outro, de fato, exerce uma função crucial na relação que mantemos conosco mesmos. Sartre nos convida, aqui, a refletir sobre as modalidades a partir das quais se forma nossa relação com os outros. Veremos assim de que modo a análise minuciosa de tal relação permite compreender melhor nossa aceitação da renúncia, a evidência de uma liberdade "adormecida" e a banalidade de uma vida "coisificada".

Questões vitais

1) Você se sente livre? Ou prisioneiro de alguma coisa que inibe prontamente seus desejos e esperanças? Pergunte-se a respeito dos motivos desses obstáculos, desses limites, e sobre o valor de um discurso assim.

2) Para você, existem entre os seres humanos pontos em comum? Você vê a espécie humana como a expressão de um esquema universal? Pode-se imaginar uma vontade imanente ou transcendente por trás da natureza humana? Deixando de lado a crença religiosa, já que ela depende da fé, você acredita que é possível provar alguma coisa nesse âmbito? Os filósofos, os cientistas ou os psicólogos possuem argumentos fundamentados a apresentar?

3) Você acha que nosso caráter é pré-determinado, e você não tem poder algum sobre certos aspectos de sua personalidade? Quais aspectos seriam esses e por quê? Procure encontrar razões tendo em mente a representação pessoal de si mesmo que elas condicionam.

4) Todos nós estamos sujeitos à resignação em algum momento. Para você, ela é passageira ou permanente? Ela aparece antes de você agir ou depois de ter tentado? Você encontra ou procura encontrar meios para enfrentá-la?

Os outros, esse inferno...

A danação do inferno, seus suplícios e sofrimentos não estão no além, mas sobre a terra, como sugere Sartre no célebre *Entre quatro paredes*: "O inferno são os outros". Mas, digamos claramente: nós nada somos sem os outros. Estreitamente ligados, é impossível escapar à sua presença que, veremos adiante, é constitutiva daquilo que somos. De resto, viver com eles é complexo e difícil. Quantos problemas e tormentos nascem dos comportamentos e dos julgamentos deles! Quantos clichês e imagens negativas eles nos impõem! Enfim, quantos esquemas deterministas precisamos combater! Pois, para Sartre, nossa relação com os outros se apresenta antes de tudo como um conflito, cujo funcionamento e cujos efeitos devastadores precisamos tentar identificar. Isso depende da representação que cada um de nós possui de si mesmo.

Prisioneiros do olhar do outro

Partir para uma ilha deserta... evitar os colegas, a família, os amigos... Sufocados, às vezes, por aqueles que nos rodeiam, todos temos vontade de mandá-los passear de vez em quando.

Pois o outro, geralmente, é a causa de nossas frustrações e aflições, e a vida ganharia em serenidade sem as obrigações, as exigências e os incômodos que ele nos impõe. No trabalho, por exemplo, pode nos acontecer de perdermos a calma, a paz de espírito, por causa de um colega que não perde uma oportunidade de nos espezinhar no meio de uma reunião. O sangue sobe à cabeça e nos dá inclusive vontade de matá-lo... Porque, além do fato de ser profundamente desagradável perder a paciência, nossa reação pode ainda causar entre as pessoas com quem trabalhamos a péssima fama de que somos pessoas suscetíveis de perder o controle. A vida diária com os outros é feita, assim, de múltiplos conflitos que nos ferem e incomodam. Para Sartre, isso é um mal necessário: "O outro é o mediador indispensável entre mim e mim mesmo (*O ser e o nada*, p. 290)[3].

Com efeito, e de fato, de que outro modo poderíamos experimentar nossa suscetibilidade sem tal colega? Como avaliar nosso progresso nesse quesito sem ele? Por sofrível e desgastante que possa ser, nós não podemos nos abstrair do outro.

Nós nem mesmo podemos *pensar* sem confronto com ele. Pois, para termos consciência de nós mesmos, precisamos de outras consciências que, refletindo-nos como espelhos, nos permitam distinguir-nos, identificar-nos e, assim, mantermos uma relação conosco mesmos, nos obrigando a interrogações como: Por que reagimos de maneira tão forte? O que podemos fazer para mudar isso?

Para se identificar e reivindicar sua diferença, a criancinha se contrapõe aos que a cercam por meio de um "não" sistemático oposto a toda proposição, para desgraça dos pais atormentados por essa atitude, pois se sentem permanentemente renegados! Para a criança, na realidade, essa é a forma de se afirmar em sua singularidade. De uma maneira geral, nossa consciência tem, dessa forma, por condição, algo que ela não é. Sua eclosão depende de uma relação, de um distanciamento de outras consciências. É apenas "negando" as outras consciências que nós adquirimos consciência da nossa. Enquanto Descartes, com seu famoso *Cogito ergo sum*, deduz a existência a partir do pensamento – "Penso,

---

3 As páginas indicadas dessa obra remetem à sua edição em português publicada no Brasil pela Ed. Vozes. Cf. SARTRE, J.-P. *O ser e o nada* – Ensaio de ontologia fenomenológica. 18. ed. Petrópolis: Vozes, 2009.

logo existo" –, Sartre, por sua vez, defende que se "Eu penso", isso não se dá sem os outros, definindo assim o pensamento como uma relação. Nós dependemos, portanto, dos outros para nos situarmos como sujeitos pensantes. Assim, eliminar o outro implica em não existir. Por conseguinte, não há outra opção senão continuar a nos confrontar com ele...

Se é necessário um desvio pelo olhar do outro, nós nos encontramos, portanto, em uma relação de dependência do outro. Essa dependência direta do olhar do outro pode ser experimentada de maneira dolorosa. Assim, no interior do casal, as reações de nosso parceiro, sua postura amorosa ou sua indiferença nos informam sobre aquilo que representamos para ele. Isto é particularmente verdadeiro em períodos de crise. De repente nós percebemos uma mudança em nosso cônjuge, ele não nos abraça mais ao acordar, volta para casa cada vez mais tarde, nos sorri menos, a dúvida se insinua entre nós, são alguns alertas. Então começamos uma observação constante, buscando desesperadamente encontrar indícios que nos permitam saber se continuamos a ser amados.

O outro, nosso *alter ego*

A primeira relação que mantemos com o outro, nesse sentido, é constituída de percepção. Nós o vemos, o observamos, o analisamos às vezes sentado tranquilamente na mesa de um café. Assim agindo, de acordo com Sartre, nós o reduzimos ao estatuto de "objeto":

> No meio do mundo posso dizer "homem-lendo", como diria "pedra fria", "chuva fina" [...] Nada disso, portanto, nos faz abandonar, de qualquer modo, o terreno em que o outro é *objeto* (*O ser e o nada*, p. 330-331).

Entretanto, obviamente, sabemos que os outros fazem a mesma coisa conosco. O outro é, por isso, nosso *alter ego*, "um outro eu-mesmo". "Um outro" porque somos todos diferentes devido a nosso passado, nossa história, nossos gostos, nossas vontades. Por mais que sejam próximas, duas pessoas, mesmo que gêmeas, têm naturalmente uma existência única, já que toda vida é específica. Erigida a partir de experiências e de relações familiares, sociais ou profissionais, nossa história de vida é particular, cada um de nós vive e percebe o mundo à sua maneira. Assim também vivemos e sentimos os acontecimentos, felizes ou não, sempre ao nosso modo, segundo nossa sensibilidade própria construída com o tempo. Mas também devemos admitir que o outro é um outro "eu-mesmo", quer dizer, semelhante a nós, que pensa e imagina inúmeras coisas. Nosso ponto em comum? O fato de sermos ao mesmo tempo "sujeitos" e "objetos", observadores e observados. Porque o outro não pode ser concebido como um ser inanimado, uma árvore ou uma cadeira. Por sua consciência, ele contempla o mundo e pode fazer de nós aquilo que podemos fazer dele, ou seja, um "ser-objeto", quer dizer, um ser reduzido a algumas qualidades:

> Se o Outro-objeto se define em conexão com o mundo como o objeto que *vê* o que vejo, minha conexão fundamental com o Outro-sujeito deve poder ser reconduzida à minha possibilidade permanente de *ser visto* pelo outro. É na revelação e pela revelação de meu ser-objeto para o Outro que eu devo poder captar a presença de seu ser-sujeito (*O ser e o nada*, p. 331).

Um objeto é, por definição, algo bem determinado. Consequentemente, podemos entender que nosso "ser-objeto" evoca uma visão determinista e inapelável da parte dos outros. Se nós, por exemplo, tivermos um visual fora de moda, uma atitude provocadora, um modo de nos exprimirmos muito particular, podemos facilmente ser encerrados em um esquema simplificador e grosseiro.

Entregues ao olhar dos outros, nós somos "coisificados"...

Mas ser observados é algo costumeiro, habitual; não podemos mudar isso, por mais que possa ser doloroso... Se formos imigrantes ou falarmos mal a língua do país, alguns poderiam até deter-se nesse fato e concluir daí que somos simples e pouco escolarizados, mesmo que sejamos médicos cardiologistas no país de onde viemos.

Nós sofremos então a pressão dos julgamentos fáceis, que excluem a riqueza e a complexidade de nossa pessoa sob uma aparente simplicidade. Assim, de modo geral, as atitudes, a aparência física, a pertença étnica ou social são vítimas dos olhares, dos discursos intolerantes, injustos e redutores. É muito fácil afirmar generalidades abusivas sobre os outros, quer se trate de desconhecidos ou de pessoas próximas, da família ou de amigos. O reflexo é sempre o mesmo, e consiste em encerrar o outro em uma definição (o preguiçoso incorrigível, filhinho de papai, ou o idiota da família!). Assumidos como "coisificados", ficamos vinculados a determinadas características intangíveis.

Após refletir, nos diz Sartre, a experiência não é menos fundamental. Ela permite identificar o mecanismo das relações interindividuais, compreender a falta de autoestima, o sentir-se mal, as posturas de evitamento que nascem de uma determinação infringida. Ela permite revelar as relações difíceis e, por vezes, dolorosas que mantemos conosco mesmos. Pois o problema é que podemos acabar assimilando a imagem projetada pelos outros, dominados por um ambiente abundante de argumentos deterministas: tudo está pronto; as qualidades, os dons ou os defeitos estão distribuídos e trata-se, agora, apenas de nos acomodarmos a um papel, a uma imagem, sem possibilidade de revisão. O inferno está bem presente na terra, entre nossos semelhantes.

Em *Entre quatro paredes*, Sartre apresenta três personagens – Garcin, Inês e Estelle, reclusos, após sua morte, em um cômodo. Cada um deles toma então consciência do que é por meio dos discursos violentos dos outros dois. Prisioneiros de uma imagem que a morte transforma em fatalidade, eles se debatem em vão tentando escapar de si mesmos. Definido como frouxo pelas duas mulheres que o rodeiam, Garcin mostra o que o inferno significa:

O bronze... (*ele o toca suavemente*) Pois bem! Esse é o momento. O bronze aí está, eu o contemplo e compreendo que estou no inferno. Digo a vocês que estava tudo previsto. Eles haviam previsto que eu iria parar diante desta lareira, tocando esse bronze com as mãos, tendo todos esses olhares sobre mim. Todos esses olhares que me comem... (*Volta-se bruscamente*) Ah! Vocês são apenas duas? Achei que fossem muito mais numerosas. (*Ri*) Então, é isto o inferno. Jamais imaginara... Vocês se lembram: o enxofre, a fogueira, a grelha... Que brincadeira! Não precisa de grelha: o inferno são os outros (*Huis clos*, p. 92, tradução livre).

A experiência da vergonha

Olhar é um pouco como esquecer. Sem aboli-lo completamente, a percepção põe o ego de lado para se concentrar no exterior. Desinteressada, a visão escruta, detalha, compara, deixa-se absorver pelo dado perceptivo. O que exemplifica melhor esse olhar do que a contemplação estética? Diante de um quadro ou uma escultura, nós nos deixamos invadir pelo universo singular do artista, colocamos entre parênteses um "eu" solicitado de forma onipresente pelo desejo de satisfazer, encantar ou alcançar.

Da mesma forma, quando observamos tranquilamente os passantes de nosso terraço, deixamo-nos ir, sentimo-nos perfeitamente em paz. Experimentamos igualmente um sentimento de prazeroso domínio porque esses passantes parecem vulneráveis, ignorando que nós escrutamos cada um de seus gestos. Enquanto observadores, com efeito, nós agimos por nossa conta, com toda liberdade em uma completa despreocupação. Mas, como tudo muda no momento em que os olhares se cruzam! Que mudança acontece na situação!

A doce contemplação cede lugar à tensão de uma interação em que cada um é confrontado consigo mesmo. Até aqui liberados de toda pressão exterior, nós mudamos radicalmente de estado. Se somos pegos em flagrante delito em uma ação pouco louvável, capturados como um animal pelos faróis de um carro numa estrada de terra, nós nos encontramos assim "objetivados". Pois um simples olhar tem a capacidade de brutalmente nos "fixar", nos "etiquetar", às vezes de forma permanente. De modo que, se o outro nos é necessário, "ser-para-o-outro" parece constituir sempre uma ameaça para nossa liberdade.

Por parecer-lhe significativa, Sartre descreve em detalhe a experiência da vergonha:

> A vergonha, em sua estrutura primeira, é vergonha *diante de alguém* [...]: sinto vergonha de mim *tal como apareço* ao outro. E, pela aparição mesma do Outro, estou em condições de formular sobre mim um juízo igual ao juízo sobre um objeto, pois é como objeto que apareço ao Outro (*O ser e o nada*, p. 289-290).

Imaginemos que estivéssemos fazendo um gesto particularmente vulgar pelas costas de alguém. Quando fazemos isso não nos julgamos, estamos apenas fazendo um gesto espontâneo. Mas se repentinamente o outro se vira e nos vê, nós retornamos bruscamente à realidade, nos conscientizamos da vulgaridade de nosso gesto e experimentamos a vergonha. O olhar do outro nos objetiva brutalmente, nos obriga a fazer um julgamento sobre nós mesmos. Para Sartre, desse modo, a vergonha não existe em si mesma, mas só existe através do olhar que o outro pousa sobre nós.

Vimos que, quando o olhar dos outros pesa sobre nós, isto decorre do fato de sofrermos uma lacuna entre a imagem que temos de nós mesmos e a imagem que os outros fazem de nós: eles podem nos declarar medrosos quando nós sabemos que não o somos, e que nos coisificam. No caso da vergonha é diferente, pois nos reconhecemos no olhar dos outros. Sentimos vergonha porque vemos o nosso gesto como algo vulgar da mesma forma que o outro o vê; somos vistos como objetos por nós mesmos. Tornamo-nos assim, aos nossos próprios olhos, aquilo que somos aos olhos do outro:

> [...] meu pecado original é a existência do Outro; e a vergonha – tal como o orgulho – é a apreensão de mim mesmo como natureza, embora esta natureza me escape e seja incognoscível como tal. Não que, propriamente dito, eu sinta perder minha liberdade para converter-me em *coisa*, mas minha

natureza está aí, fora de minha liberdade vivida, como atributo dado deste ser que sou para o outro. Capto o olhar do outro no próprio cerne de meu *ato*, como solidificação e alienação de minhas próprias possibilidades (*O ser e o nada*, p. 338).

Assim o outro, embora só nos conheça por fora, sacode nosso mundo e nos revela a nós mesmos, levando-nos violentamente a nos tratar como objeto. De nossos atos, faz uma natureza. Daí em diante, para nos defendermos, iremos fazer o mesmo com ele.

Ameaças e conflitos entre consciências

Eis-nos então obrigados a nos identificar com aquilo que os outros fazem de nós com uma margem de manobra *a priori* reduzida. Esperamos dos outros que avaliem as coisas profundamente antes de nos julgar, mas, ao contrário, somos transformados em eu-objeto, facilmente definidos por um traço de caráter ou um estatuto que prejudica nosso livre-arbítrio. Nós nos identificamos com uma tendência ou uma função que limita nossas possibilidades de mudança. Nossa vontade é desencorajada.

Mesmo que sintamos a intuição de uma liberdade sempre viva, o desvio por outrem é inevitável e nos orienta a uma concepção bem definida de nós mesmos. A imagem está lá, nós já não nos pertencemos verdadeiramente e experimentamos um "mal-estar", afirma Sartre. Para o filósofo, então, nosso *ser-para-outrem* nos revela a nós mesmos como indivíduos no seio de um processo violento e constrangedor.

Mas, como vimos, o que sofremos podemos também, por nossa vez, impor aos outros. Estes podem sentir o mesmo incômodo, a mesma opressão com nossa presença porque somos parte integrante dessa luta entre consciências. Ser estigmatizados não nos impede de sermos, também nós, um juiz implacável em discursos apressados e redutores. A vítima pode ser ainda o algoz, pois sempre é confortável satisfazer-se com a primeira impressão ou contentar-se com ideias recebidas, podendo rever depois seu juízo com o tempo e conforme as circunstâncias. É tentador emitir juízos sobre a reputação de uma pessoa ou cair em estereótipos. Assim, nada impede um funcionário tido por "preguiçoso" de dizer o mesmo dos pobres ou dos desempregados. Afinal, cada um de nós se expressa a partir de representações muitas vezes simplistas e encontra-se inserido em relações de força flutuantes, positivas ou não, mais ou menos vantajosas de acordo com os momentos e as situações. Sartre caracteriza as tensões permanentes entre consciências da seguinte maneira:

> Tudo que vale para mim vale para o Outro. Enquanto tento me livrar do domínio do Outro, o Outro tenta se livrar do meu; enquanto procuro subjugar o Outro, o Outro procura me subjugar. Não se trata aqui, de modo algum, de relações unilaterais com um objeto-em-si, mas sim de relações recíprocas e moventes. As descrições que se seguem devem ser encaradas, portanto, pela perspectiva do conflito. O conflito é o sentido originário do ser-para-outro (*O ser e o nada*, p. 454).

Do conflito pode nascer a estigmatização que oprime um homem, uma mulher ou um grupo de indivíduos. O presente, tanto quanto o passado, está cheio de exemplos sobre isso. Hoje os clichês recaem abundantemente sobre os imigrantes, os jovens das periferias, os muçulmanos etc. Aparecem os amálgamas, dominam as confusões; misturam-se o cultural, o social e o religioso para marginalizá-los, para excluir uma parcela da população de setores essenciais como o emprego ou a habitação. Tal conflito se nutre do pensamento e dos costumes do momento, reforçados por aqueles que foram manipulados e que tiveram sua opinião e seu comportamento modelados. Desse modo, todo mundo pode ser o agente ou a vítima de uma normalização geral, massiva e liberticida.

Questões vitais

1) É impossível pensar-*nos* sem os outros, pois eles são um espelho de nós mesmos. Essa relação de dependência, para você, é uma evidência ou uma surpresa? Isso suscita em você algo reconfortante ou uma forma de inquietação, de angústia?

2) Você é receptivo aos acontecimentos que o cercam, costuma ser sensível às pequenas cenas do cotidiano? Possui uma alma contemplativa, ou dificilmente olha para fora de si mesmo, mantendo-se focado em seu comportamento, suas atitudes?

3) Você consegue relativizar o olhar dos outros, é capaz de prestar atenção no olhar alheio com distanciamento ou se sente frágil e vulnerável? Nesse caso, a que atribui tal suscetibilidade?

4) Tem a impressão de ser parte integrante de um conflito inevitável em cujo âmago está uma determinada percepção de si, uma necessidade de reconhecimento, uma vontade de se distinguir, tanto moral quanto profissional e socialmente?

A pressão normativa da sociedade

O conhecido adágio que se costuma invocar para falar da liberdade em sociedade diz que ela termina lá onde a dos outros começa. A ideia subjacente é que nossa liberdade se choca necessariamente com outra liberdade. O que é que poria limites à nossa? Nossas instituições podem garanti-la? Por direito, temos o benefício da liberdade de opinião, mas isso é real? Poder afirmar o que quisermos, qualquer coisa, sem o mínimo receio, segundo as tendências do momento, significa verdadeiramente ser livre? O que pensamos é simplesmente fruto de nossa razão ou, em vez disso, somos constantemente influenciados por aquilo que nos cerca, por nossa história, meios de comunicação? Pensar livremente, na verdade, é antes de tudo exercer o senso crítico em relação a uma sociedade e a normas que influenciam nossos discursos, nossas escolhas e nossos comportamentos. Compreender os conflitos entre consciências, identificar o fenômeno do determinismo que a todos pode afetar, é constatar um contexto ideológico muito eficaz. Se o olhar pode prender, nos diz Sartre, se os julgamentos podem nos rebaixar, isso tem relação com um tipo preestabelecido de pensamentos e condutas que nos condiciona e contra o qual precisamos lutar.

Uma pressão institucionalizada

De onde vêm nossos critérios de julgamento, nossos valores e nossos princípios? Inicialmente de uma educação, de um ambiente que, em virtude de determinadas regras, formam a percepção de si e dos outros. Estabelecem-se muito cedo em nós referências que distinguem o bem e o mal, o bom e o ruim, o belo e o feio. Assim, podemos nos sentir muito mal no dia em que nosso filho faz uma besteira muito grande ou quase se mata, e temos um ímpeto de dar-lhe um tapa. Nós iremos com certeza receber olhares desaprovadores. Hoje consideramos, com efeito, como algo perfeitamente certo, que maltratar uma criança é errado. Mas onde começa o maltrato? Como podemos defini-lo? Não faz muito tempo, de fato, que dar uma palmada, um puxão de orelha (ou até uma surra de cinto!) não tinha nenhuma consequência. Tudo isso era entendido como pertencente ao âmbito do sistema educativo. Provavelmente nós mesmos recebemos muitas vezes palmadas e puxões de orelha quando pequenos depois de fazermos algo errado. Estamos reproduzindo o mesmo esquema? Podemos apostar que não, afinal a pressão atual nos obriga a considerar que é errado. Em diversos países, o debate sobre a palmada volta sempre de novo à tona. A França não proíbe legalmente as punições físicas. É diferente na Suécia, onde as instituições proíbem castigos corporais de maneira absoluta, e no Reino Unido, onde essa proibição diz respeito apenas às escolas. Assim, se vivêssemos na Suécia, embora pudéssemos entender que uma palmadinha não constitui um ato violento, as instituições no-la proíbem simplesmente, e não seríamos livres para agir como bem entendêssemos.

Nossos valores evoluem, portanto, em função de nossa educação, da história de nossa sociedade e do lugar geográfico em que vivemos. Isso, contudo, não nos impede de brandi-las como certezas indiscutíveis para separar o normal do anormal, para marcar diferenças e hierarquias. Julgar o outro, aceitá-lo ou excluí-lo, sempre traduz o espírito de uma sociedade original, a particularidade exclusiva de uma época.

Certamente somos livres para viver como desejarmos, mas se escolhermos viver fora da norma majoritária podemos encontrar inúmeras dificuldades em nosso caminho. Aqui podemos pensar, por exemplo, nas *gens du voyage*[4] que recentemente têm sido muito comentadas. Uma denominação que, ademais, tem sido usada para amalgamar todo tipo de comunidades diferentes, francesas ou não. O debate foi caloroso e viu-se como esse modo de vida singular foi capaz de provocar rejeição, e até um discurso de exclusão por parte das instituições.

O conflito entre consciências, em que está em jogo a liberdade de cada um, contudo, é permeado pelos conflitos econômicos, sociais, étnicos, religiosos etc. inerentes a toda coletividade. O determinismo sob todas as suas formas, quer falemos de inato, adquirido, motivado por uma representação filosófica ou religiosa do ser humano, tem aí um lugar importante pelo fato de que se insere em um discurso geral considerado favorável ao *mesmo* e que estigmatiza o *outro*.

Dize-me o que possuis, eu te direi quem és...

Em sua época, nos anos de 1950, Roland Barthes fez de alguns objetos os reveladores de uma época e de sua mentalidade. Seu livro *Mitologias* nos permite compreender melhor a consciência coletiva articulada em torno de personalidades, fenômenos ou produtos emblemáticos tais como o *Guide bleu* ou o novo Citroën. O que é deles hoje? Ninguém discorda que esse movimento tenha se ampliado a ponto de atingir proporções absurdas. Não muito tempo atrás, o 4x4, robusto e insuperável, nos posicionava – em sentido próprio, para além do figurado – acima dos outros; era o símbolo do sucesso e do poder, que passava a imagem de ser ca-

---

4 O termo francês indica "pessoas viajantes". Trata-se de pessoas que vivem em *motohomes*, sem residência fixa, mudando-se de cidade em cidade [N.T.].

paz de vencer todos os obstáculos do caminho e impor-se. Hoje, ser um feliz possuidor de um IPhone é a encarnação da modernidade: estamos a par de tudo o tempo todo, podemos fazer qualquer coisa porque temos um aplicativo para tudo, enfim, somos seres completos! O exemplo da Internet é ainda mais eloquente. A Internet não é mais uma questão de escolha, mas uma obrigação. Somos cada vez mais levados a fazer operações administrativas on-line, quer se trate de pagar impostos (nesse caso, somos inclusive gratificados com prazos suplementares...), de declarar a abertura de uma empresa, de registrar requisitos acadêmicos... Por isso, não possuir Internet significa simplesmente não ser normal.

Sempre mais numerosos e diversificados, os produtos "significativos" se renovam atualmente a uma velocidade incrível, segundo as modas e as tendências. Eles se tornaram "indicadores" dos níveis de vida dentro de uma hierarquia social definida. Revelam a lógica de nosso mundo, as leis implacáveis de uma sociedade consumista que define o que se "é" pelo que se "tem". Como ignorar que a pertença ou a exclusão, seja num grupo ou na sociedade, se constituem a partir das coisas, das categorias e gêneros que elas designam? Mais do que nunca um vetor de sentido, a aparência está no centro da valorização pessoal ou da desestima de si mesmo. Em uma ordem social estabelecida, ela está na raiz de uma guerra aberta contra os preconceitos que causam destruição. Resultado? Tensões entre pessoas, oposição entre grupos, violência, frustração e um mal-estar que se evidencia pelo consumo crescente de ansiolíticos, a busca crescente por psicoterapias de toda espécie.

Uma estética todo-poderosa do corpo

Ao lado das normas morais, intelectuais ou políticas, é difícil evocar a opressão atual da aparência sem fazer um rápido percurso pelos ditames do corpo e seus danos colaterais. Três prescrições categóricas: saúde, magreza e juventude! Presentes em toda parte, os cânones dos padrões de beleza se impõem nas revistas, nos clubes e nos filmes, encarnam-se nos ícones, nas semideusas e nos semideuses de uma perfeição ideal. Indissociáveis de um *marketing* articulado em volta da indústria cosmética e das cirurgias estéticas, essas normas vêm acompanhadas por um higienismo ligado ao culto do esporte e do bem-estar, da frequentação de spas ou do recurso a cirurgias plásticas. Nas relações sociais, nosso corpo é objeto de todas as atenções, nós o vigiamos incessantemente, às vezes beirando a obsessão. Nada pior do que cair em determinadas categorias que soam como sentenças condenatórias; nada pior do que ser objeto de designações que a própria linguagem evita usando eufemismos: "estar fortinho", "estar fofinho"... E que tragédia quando vivemos tudo isso como uma pena dupla: não estar de acordo com a norma e sentir-se culpado com a ideia de que temos parte da responsabilidade. Fizemos realmente o que podíamos? Como é que chegamos a esse ponto com tantos meios colocados atualmente à nossa disposição?

Conformidade e alienação

Assim como nossos professores podiam esperar de nós bons trabalhos e boas notas, assim como nossos pais esperavam que fôssemos bem-educados, amáveis com os outros, a sociedade não pode deixar de esperar que respeitemos seus códigos gerais e normativos. Ela dá hoje um lugar essencial ao hedonismo, aos prazeres, à satisfação em todas as suas formas. Devemos evitar o sofrimento ou ocultá-lo guardando para nós as nossas dúvidas, angústias e nosso mal-estar. Somos inundados de informações (de comandos?) que nos indicam o rumo a seguir para que fiquemos bem e vivamos no melhor dos mundos: separe seu lixo, coma cinco frutas e legumes por dia (orgânicos!), não fume, não beba. Se quisermos nos conformar integralmente às normas ditadas pela sociedade, daria para enlouquecer!

No fundo, para Sartre, são sempre as instituições, entre elas primeiramente a escola, a educação, que nos atribuem nossa natureza, nosso papel bem definido. São as convenções que modelam os discursos e os comportamentos, que fazem obstáculo à nossa liberdade gerando automatismos no pensamento e na ação. Elas constrangem a uma representação de nós mesmos e dos demais, podando o mais que possível a eventualidade de mudanças e a novidade. Entrando no interesse do âmbito profissional, nosso filósofo, em *O ser e o nada*, examina o caso de um garçom de um café. Ele conclui que, para não ser dispensado, deve se conformar perfeitamente àquilo que as pessoas esperam dele, a saber, não apenas que sirva, mas que encarne tenaz e plenamente o arquétipo do garçom de café: que quase corra entre as mesas segurando no alto sua bandeja com destreza, sempre apressado, atento e solícito em relação aos clientes etc. Ele deve se conformar ao seu papel social, *ser* aquilo que se espera dele:

> Vemos quantas precauções são necessárias para aprisionar o homem no que é, como se vivêssemos no eterno temor de que escape, extravase e eluda sua condição (*O ser e o nada*, p. 106).

Deslocamento e exclusão

Um conformismo alienante está em vigor. Se o recusarmos e viermos a nos encontrar, voluntariamente ou não, à margem, corremos o risco de nos acharmos excluídos. No trabalho, por exemplo, não podemos decidir por conta própria efetuar uma tarefa diferente daquela que nos foi atribuída. Do mesmo modo entre nossos familiares, se sairmos do papel que nos foi atribuído desde a infância, podemos sofrer com a incompreensão total ou mesmo com a rejeição.

Assim, identificar e impor modos de vida e de pensamento, denunciar o que se distingue disso se apresenta como a garantia da ordem e da estabilidade de uma coletividade em que cada um está em seu lugar e corresponde exatamente ao que é esperado dele.

A ordem não deve ser desrespeitada, o argumento determinista se insere em uma lógica que prefere o ser ao tornar-se, o estático ao dinâmico. Prefere os hábitos, as tradições, a repetição das mesmas atitudes e das mesmas palavras para consolidar as mesmas coisas. O garçom não tem razão nenhuma para se apresentar de forma diferente. Da mesma maneira, um garoto de rua continuará sendo um delinquente, e é inútil tentar o que quer que seja com ele para reverter essa condição (o atual sistema carcerário não pensa nada diferente). A emancipação das mulheres tem seus limites e compõe naturalmente com a desigualdade de estatuto e de salários em relação aos homens.

É um fato: as instituições resistem à mudança, se esforçam por cercear e excluir aquilo que pode balançá-las ou transformá-las. Elas apontam o dedo para a singularidade, rejeitam a diferença, obrigam muita gente a viver sua função sob pressão, passando-lhes um sentimento de estarem deslocadas, de não terem escolhido sua vida. Elas as condenam ainda a viver com mal-estar, com fobia social e em isolamento.

Consciente dos perigos da lógica determinista, Sartre se incumbe, para além das oposições teóricas entre intelectuais ou dos modismos superficiais (pense-se no existencialismo do pós-guerra), da tarefa de tirar sua filosofia da abstração especulativa para colocá-la à disposição de todos. Pois a filosofia pode inscrever-se em um projeto individual e coletivo de transformação da vida a partir da consciência plena e inteira de uma liberdade redescoberta, o que iremos agora tentar compreender.

Questões vitais

1) Você já se interrogou sobre a origem ou os fundamentos de seus critérios de julgamento? Para você, que lugar ocupa a educação? Pode-se dissociá-la do contexto, da época e de sua ideologia política, econômica ou cultural?

2) Tomar consciência do determinismo lhe permite tomar um distanciamento de sua maneira de pensar? Você se sente propenso a reconsiderar reações negativas, atitudes excludentes que tenha sofrido ou tomado em relação aos outros?

3) Existe, segundo você, determinadas pressões exercidas sobre nós pela sociedade de consumo? Tente analisar a maneira pela qual uma sociedade normativa, que privilegia a aparência física e os padrões de beleza e de modas, busca modelar a consciência e as relações interpessoais.

4) Você se sente adequado ao que esperam de você? Conformar-se ao seu papel na sociedade é uma fonte de tranquilidade ou, ao contrário, uma causa de incômodo, frustração ou tormentos? Você exerce seu papel social com tranquilidade ou por obrigação?

5) Você nunca teve vontade de questionar as convenções, de se afirmar como um *outro*, de viver diferentemente? Por que nunca deu esse passo além? Por medo de surpreender, de romper com a imagem que a sociedade e os outros têm de você?

II

As chaves
para
compreender

A consciência, livre potência criadora

O homem não é uma coisa, ele pensa

Presos na armadilha do olhar que os outros depositam sobre nós, do papel que nosso percurso pessoal e a sociedade parecem nos impor, eis-nos esmagados sob o peso de um fatalismo que nos paralisa e nos amarra as mãos. Eis-nos conduzidos ao estatuto de objetos.

No trabalho, temos por vezes a impressão de ser apenas mais uma argola numa corrente mecânica, facilmente substituível por outra, idêntica. Muitas vezes nós vemos pessoas serem utilizadas como objetos, como aquelas mulheres a cada ano, no salão do automóvel, cujos corpos servem para valorizar uma máquina de quatro rodas. Quem nunca se sentiu menosprezado, desrespeitado em seu justo valor? Pressentindo que somos mais do que o resultado de um determinismo implacável, do que um indivíduo reduzido a uma imagem, a uma representação bem definida, temos então vontade de gritar, como Patrick McGoohan na série de TV *The prisoner* (*O prisioneiro*): "Eu não sou um número, sou um homem livre!" Para Sartre, é o pensamento, a consciência que faz toda a originalidade e a dignidade humana dentro da natureza. O ser humano não é uma coisa – um objeto, um elemento ou um animal. Ele vai além da ordem natural onde domina a lógica determinista, e pode ser ele a causa primeira de suas decisões e de suas ações:

> [...] esta teoria [o existencialismo] é a única a atribuir uma dignidade ao homem, e a única que não o considera um ob-

jeto. Todo materialismo tem como efeito tratar todos os homens, inclusive a si mesmos, como objetos, isto é, como um conjunto de reações determinadas que em nada se distinguem do conjunto de qualidades e fenômenos que constituem uma mesa, uma cadeira ou uma pedra. Nós queremos, precisamente, constituir o reino humano como um conjunto de valores distintos do reino material (*O existencialismo é um humanismo*, p. 34).

O projeto de Sartre é claro: reabilitar o homem em sua diferença, argumentar contra as teorias e as práticas que vão de encontro à nossa liberdade. Multifacetária, a consciência humana engendra um eterno movimento que lhe abre um oceano de possibilidades. Compreendê-la melhor nos permitirá perceber que ela é indissociável do livre-arbítrio e que essa liberdade implica uma responsabilidade que nos mergulha, por vezes, na angústia.

Duas maneiras de ser: em-si e para-si

O objeto responde a uma definição e a funções determinadas. Assim, a mesa de nossa sala, definida como um objeto composto de uma peça plana apoiada sobre um ou diversos pés, permite-nos, por exemplo, colocar sobre ela petiscos para acolher convidados. Esse objeto está aí, presente, idêntico a si mesmo, visto conforme o uso que se pode ter dele e dependente daqueles que o utilizam: sua essência precede sua existência. Ela não tem nenhuma referência de si mesma. Nossa mesa não sabe que existe, ela não se questiona, e tampouco é autônoma: ninguém jamais viu uma coisa modificar-se com vistas a agradar a seu proprietário!

Por outro lado, não nos surpreende que, em um filme de animação, uma mesa se ponha a viver sua vida e expressar sentimentos. A arte, tanto em se tratando do cinema, da pintura ou da literatura, como fruto da imaginação humana é, de fato, capaz de transfigurar as coisas, humanizá-las e atribuir-lhes intenções e sentimentos. Mas o imaginário não é o real. Na realidade, nossa mesa, prisioneira de si mesma, permanece no cotidiano infelizmente aquilo que ela é até que seja destruída. Sartre diz que ela *coincide* permanentemente consigo mesma, com sua essência, que ela existe *em-si*:

> Essa adequação, que é a do em-*si*, expressa-se por uma fórmula simples: o ser é o que é. Não há no em-si uma só parcela de ser que seja distância em relação a si. Não há, no ser assim concebido, o menor esboço de dualidade: é o que queremos expressar dizendo que a densidade de ser do em-si é infinita. É o pleno [...]. Dessa mesa, posso dizer que é pura e simplesmente esta mesa (*O ser e o nada*, p. 122).

Sem "o menor esboço de dualidade", o em-si remete assim à unidade por excelência, indivisível, sem falha, "infinita"; o "pleno" em estado puro. Aqueles entre vocês que possuem um gato nunca tiveram inveja desse amigo impassível ao qual nada parece perturbar, que parece nunca estar tomado por dúvidas? Porque nós humanos, em contrapartida, muitas vezes ficamos agitados com uma multidão de pensamentos. E para responder a essa agitação nos acontece, às vésperas de uma reunião importante, de uma competição esportiva ou de um primeiro encontro amoroso, de nos dirigirmos encorajamentos: "Você consegue!", "Vai dar certo!", "Não há nenhum motivo para temer!"; e somos igualmente capazes de nos dirigir tantas críticas se o sucesso não vem logo na partida...

Em suma, quando pensamos nos desdobramos, apartando-nos assim de nós mesmos, tomamos consciência de nossa existência e nos tornamos o que Sartre chama de um ser *para-si*. A partir disso, compreendemos que somos ao mesmo tempo expectadores e atores, observadores e observados.

Surgir do nada

Quando nós perdemos alguém próximo, temos consciência de estarmos infelizes porque nos *vemos* prostrados, sangrando, ou porque dizemos isso a um amigo. E quando ficamos sabendo que o ser que amamos nos ama de volta, temos consciência de sermos felizes pois nos *vemos* sorridentes, transbordantes, de coração leve. Portanto, estamos de novo apartados de nós, a uma distância que nos impede de ser completamente nós mesmos. Encontrando-nos um pouco "de fora", constatamos nossa felicidade ou nossa infelicidade, mas sabemos que essa emoção corresponde a um momento dado, e que amanhã esse estado pode mudar. Na realidade, nós nunca nos confundimos completamente com nossa vivência, nem coincidimos absolutamente conosco mesmos, diferentemente do ser em-si. Estamos, segundo Sartre, *presentes em nós mesmos*:

> Com efeito, toda *presença* encerra dualidade, e, portanto, separação, ao menos virtual. A presença do ser a si mesmo implica um desgarramento do ser em relação a si. A coincidência do idêntico é a verdadeira plenitude do ser, justamente porque nessa coincidência não há lugar para qualquer negatividade (*O ser e o nada*, p. 125-126).

O que é essa "negatividade"? Quando uma coisa designa o "pleno" por excelência, como conceber um vazio no âmago da consciência? Esse movimento perpétuo que fazemos para o exterior, essa lacuna, faz de nossa consciência um eterno alhures impossível de definir de forma tão clara quanto a mesa da sala de que antes falávamos. Ora, se não se pode defini-lo, é vazio de sentido, é porque é nada. Por isso é que Sartre o caracteriza como *nada*.

Quando dizemos a um amigo que nos sentimos vazios, estamos expressando um estado de mal-estar que nos torna inertes, sem energia, sem capacidade de avançar e tomar decisões. Sartre nos diz, ao contrário, que esse vazio em nós, esse nada, não é, na verdade, um defeito, mas uma qualidade, não um limite, mas um potencial formidável. O vazio não justifica renúncia alguma, mas nos convida, ao contrário, à expressão plena e inteira de nossa vontade em relação ao que queremos ser ou ter, em relação aos objetivos que visamos: ir ao teatro, tornarmo-nos carpinteiros, mudar a cor do cabelo. A expressão "saltar no vazio" não exprime a ideia de um salto rumo ao desconhecido onde tudo é possível?

Do nada nós surgimos, portanto, enquanto sujeitos pensantes e desejantes. Esse nada é concebido como uma brecha no ser, como uma abertura no seio do em-si, que preexiste a ele:

> Com efeito, o para-si não constitui senão a pura nadificação do em-si; é como um buraco de ser no âmago do Ser (*O ser e o nada*, p. 753).

O mundo é reflexo nosso

Imagine que você parta amanhã para uma viagem de um ano pelo mundo com uma amiga. Ela deseja ir em busca de pessoas de culturas diferentes, e o que você pretende é dar uma pausa em sua trajetória profissional. Para ela, essa viagem é uma oportunidade de aprender, e para você é a ocasião de sair de sua rotina cotidiana. As motivações de vocês, portanto, não são as mesmas, e o que dizer do mundo que vocês irão descobrir? Bastaria, de fato, pedir uma definição de mundo para constatar o quanto as respostas dadas seriam diferentes. Para uns, o mundo é um planeta, para outros uma criação divina, para outros ainda é o conjunto das pessoas que vivem na Terra. Portanto, não há como existir uma realidade fora do sentido que nós lhe damos:

> A consciência e o mundo se dão de uma só vez: sendo, por essência, exterior à consciência, o mundo é, por essência, relacionado a ela (*Situations I*, p. 32).

A partir da relação que une o pensamento ao real, Sartre nos diz que é nossa consciência que faz nascer o mundo, e é ela que faz emergirem realidades no tempo e no espaço, estando na origem de um universo representado e composto por uma infinidade de coisas. Todo pensamento individual recompõe, assim, o mundo à sua maneira.

Além disso, nossa percepção varia em função de nossos estados, de nosso gosto, dos momentos que vivemos. Se ficamos doentes, por exemplo, nossas prioridades mudam. Enquanto antes ficar no escritório até mais tarde nos parecia importante e ocupava todo o nosso tempo, passamos então a achar muito mais importante nos dedicarmos à nossa família. A doença nos recoloca no centro do que é essencial, nos leva a considerar as coisas de outra maneira. As queixas por causa do tubo de pasta de dentes destampado passam a ser fúteis, secundárias.

Da mesma forma, encontrar o amor também nos transforma. Transportados por uma energia positiva, tornamo-nos mais receptivos e sociáveis, interessados em partilhar generosamente nossa felicidade. Nossa percepção dos outros muda. E não há nada de impressionante no fato de que aquilo que nos atraía como crianças não nos interessa mais hoje em dia. Cada um de nós deposita assim um olhar diferente sobre as coisas. O artista mergulha na contemplação das nuances de azul do céu, enquanto o religioso verá nele a porta de entrada do reino de Deus. Cada consciência impregna o real à sua maneira ao avaliá-lo. A cada consciência seu próprio universo!

Isso significa que a percepção das pessoas, das coisas e dos acontecimentos é propriamente subjetiva: ela não apenas depende da consciência, mas também é pessoal, totalmente singular. Na realidade, nós somos múltiplos, e o que nos atrai ou nos causa aversão, o que nos encanta ou nos faz sofrer, varia de acordo com os acontecimentos, as circunstâncias de nossa vida, como variam nossas opiniões sobre o mundo e sobre nós próprios.

Sobre a felicidade de nada ser

Ser consciente, portanto, é estar presente em um mundo singular. É também, como vimos, estar presente em si, nas questões de mobilidade, nas diversas etapas que balizam nossa existência. Observando nossas diversas facetas conforme os momentos de nossa rotina diária ou as épocas de nossa vida, somos sempre, no centro da unidade da consciência, esse "outro" sujeito ao devir, à passagem, à transformação. Nosso corpo muda, mas também os estados de nossa alma, nossas emoções e nossos desejos. Ao longo de um mesmo dia podemos estar entusiasmados, cheios de vida e, de repente, ficarmos abatidos diante do anúncio de uma notícia ruim.

Então, o que somos, no fim das contas? Um sujeito pensante, uma consciência ativa que impede toda coincidência perfeita consigo, evoluindo a partir de um vazio que autoriza a diversidade no passado, no presente, e se abre para uma liberdade de escolha no futuro:

> O nada sempre é um *alhures*. É a obrigação para o para-si de nunca existir senão sob forma de um alhures em relação a si mesmo, de existir como um ser que ostenta perpetuamente uma inconsistência de ser (*Situations I*, p. 116).

Esta "inconsistência de ser" nada mais é do que a liberdade para Sartre. Ela nos distingue da coisa, voltada contra ela mesma, incapaz de mudança, prisioneira de si mesma. De fato, a relação a si supõe o livre jogo de experiências, de possibilidades de vidas infinitas, e justifica a recusa a uma "essência" humana: não existe um modelo preestabelecido a partir do qual seriam constituídos todos os seres humanos, uma camada da população ou uma pessoa singularmente. Escapando sempre de nós mesmos, não podemos pensar e nem agir com base em uma definição que determinasse nossas escolhas e nossas ações. Perpetuamente à distância, nós não somos, de partida, nada mais que um ser livre que deve se definir – voltaremos a isso – a partir de suas ações. E se nada somos, isso significa que podemos ser tudo! O ser humano não é, ele existe; quer dizer, etimologicamente, ele "sai de", ele é "fora de" si mesmo. Portanto, nada pode especificá-lo de uma vez por todas! Apenas nele "a existência precede a essência":

> O que significa, aqui, que a existência precede a essência? Significa que o homem existe primeiro, se encontra, surge no mundo, e se define em seguida. Se o homem, na concepção do existencialismo, não é definível, é porque ele não é, inicialmente, nada. Ele apenas será alguma coisa posteriormente, e será aquilo que ele se tornar (*O existencialismo é um humanismo*, p. 19).

Questões vitais

1) A vida é para você como um jogo de xadrez onde você seria um peão que se remove daqui para ali, ou algo diferente, mais do que isso? Você já se perguntou sobre a especificidade e a dignidade do ser humano? Quais são as faculdades próprias à espécie humana, em que o ser humano se diferencia de um objeto, de um animal, ou da natureza? Que consequências você pode tirar disso para sua vida pessoal?

2) Pensar é pensar-se, é colocar-se em relação consigo sob a forma de uma surpreendente dicotomia. Você experimenta essa impressão de dualidade em você? Como ela se manifesta? O que isso afeta você?

3) Quando você pensa em seu entorno, quando percebe coisas, você tem o sentimento de ser mais ativo ou passivo? Sua consciência deixa que as realidades venham até ela, ou é ela que faz um movimento na direção daquelas? Essa busca não é o reflexo dos valores, dos centros de interesse, dos projetos de cada pessoa? O que podemos concluir a respeito da objetividade do mundo que percebemos?

4) O que lhe diz a noção de vazio, de nada? Um sentimento de inércia? Parece-lhe possível encará-lo, ao contrário, como a linha de partida para uma infinidade de possíveis? Nada sendo, não podemos ser tudo?

Nossa situação não passa de uma entre muitas possibilidades

Nosso pessimismo e nossa resignação nascem de nossa crença em um condicionamento intransponível. Ora, segundo Sartre, nós não somos originariamente nada, apenas seres totalmente livres. Mas, durante nossa vida, exercemos nossa liberdade em diferentes circunstâncias, em épocas distintas. Assim, se hoje somos médicos, não o somos desde que nascemos. Primeiro fomos crianças, depois seguimos uma escolarização, tivemos a vontade de nos tornar médicos, cursamos medicina etc. Nosso próprio corpo mudou, muitas vezes nós fomos tristes, outras alegres; nós fizemos novos amigos, quem sabe mudamos de residência. Nossa situação, assim, nunca é a mesma, o que faz Sartre dizer:

> Não há liberdade a não ser em *situação* e não há situação a não ser pela liberdade (*O ser e o nada*, p. 602).

Por meio dessa citação, Sartre afirma que somos confrontados com realidades, situações compostas de dificuldades, de "resistências"; mas elas revelam nossa liberdade – um animal não pode estar em situação. E cabe, além disso, a cada um de nós dar um significado – sorte, azar etc. – ao que nos acontece segundo nossos "projetos". O que nós somos em um determinado momento de nossa vida não pode, assim, constituir uma fatalidade. O fato de sermos *em situação* nos permite sempre mudar e evoluir.

Também temos que, antes de tudo, compreender o vínculo que une estreitamente em nós o passado, o presente e o futuro.

As situações são múltiplas

A vida nos oferece uma multidão de situações diferentes. Algumas são cotidianas, habituais: levar as crianças para a escola, utilizar um meio de transporte para ir ao trabalho, aproveitar nosso lazer para fazer nossos *hobbies* etc. Algumas são inesperadas e rompem a rotina por seu caráter imprevisto: deparar-se, por exemplo, com um amigo de infância, ter uma discussão com alguém, perder-se em uma cidade desconhecida.

Por fim, há as situações gerais que definem nossa vida em determinado momento: ser estudante, empregado ou sem trabalho, ter dinheiro sobrando ou não, gozar desse ou daquele *status* social, ser solteiro ou casado, estar cheio de projetos, ávido por multiplicar as experiências ou em um período de depressão em que o desânimo toma conta.

Cada uma dessas situações se explica por nosso passado, justifica nosso presente e nos deixa com poucas perspectivas de mudança no futuro se nós nos situarmos em uma lógica determinista.

Nós nunca estaremos saciados

Nossa "identidade" presente, portanto, é constituída de elementos diversos e variados (situação familiar, sentimental, profissional, estado psicológico etc.). Ela também é, como vimos, vinculada a um vazio, a uma "falta de ser" que nos diferencia de uma coisa qualquer. Nós sempre somos como que expectadores e "separados" de nós mesmos, não apenas no presente como também no futuro. Assim, da mesma forma que não coincidimos nunca com nossas emoções, também não coincidimos com nossa situação. O vazio no coração de nossa consciência nos impele sempre a outro lugar, nossa falta nos leva a desejar e nos projetamos todos para "além" de nossa situação atual a fim de imaginar o que poderíamos ser ou ter.

Mas nunca estaremos no modo do em-si, em perfeita adequação conosco próprios, com o ser e a felicidade a que aspiramos: esse bem-estar completo e permanente, esse equilíbrio psicológico a toda prova, o amor perfeito e perpétuo, essa harmonia constante e inalterável. Em suma, jamais estaremos preenchidos; nos sentiremos sempre habitados por um vazio potencialmente fonte de insatisfação:

> O desejo é falta de ser, acha-se impregnado em seu ser mais íntimo pelo ser que deseja. [...] A realidade humana é perpétuo transcender para uma coincidência consigo mesma que jamais se dá (*O ser e o nada*, p. 138, 140).

Uma insatisfação fértil

De fato, para Sartre, tudo se passa como se sonhássemos ser Deus:

> Ser homem é propender a ser Deus; ou, se preferirmos, o homem é fundamentalmente desejo de ser Deus (*O ser e o nada*, p. 693).

Quando dizemos a alguém que ele se acha Deus, geralmente significa que ele é um pouco megalômano, que se acha todo-poderoso, ou mesmo que é um pouco autoritário. Para o existencialismo ateu de Sartre, Deus não é um ser superior eterno, intangível e causa de si mesmo. É apenas a projeção de nosso ideal humano, a sublimação suprema do desejo alojado em cada um de nós: estar plenamente satisfeito, não ter nada mais a desejar, estar em uma fusão harmoniosa conosco mesmos. Um sonho doce que alimenta sem cessar nosso imaginário.

Mas com isso corremos atrás de um absoluto impossível. Para Sartre, Deus não existe. Estamos sós no mundo, livres, em permanente deslocamento em relação a nós mesmos, movidos por uma falta a que podemos dar sentido. Se, por exemplo, estamos fartos de trabalhar como assalariados em uma empresa muito hierarquizada que nos deixa pouca margem de manobra, nós aspiramos trabalhar sozinhos como autônomos. Nosso vazio nos permite elaborar perspectivas de futuro, pois lhe damos um sentido e uma orientação construtiva.

Assim, da mesma forma que nosso vazio interior nos oferece uma infinidade de possibilidades, nossa insatisfação, ao nos levar a rejeitar-nos como somos, motiva nosso espírito inventivo, solicita nosso espírito de iniciativa, permite que voltemos a nós mesmos para a eventualidade de descobertas e de experiências sem as quais não poderíamos nos conhecer melhor, nos renovar e nos superar. A insatisfação, portanto, não deve ser condenada em si mesma, pois tudo depende do que fazemos com ela. Se continuarmos trabalhando em nossa empresa hierarquizada, nossa insatisfação se tornará causa de sofrimento e frustração. Mas se nos tornarmos efetivamente trabalhadores autônomos, nossa insatisfação terá nos permitido exprimir nossa liberdade.

Nós somos o resultado de nosso passado...

Se nosso presente possibilita que nos projetemos em um futuro representado como um espaço de liberdade, que olhar dirigir sobre nosso passado? Irreversível, não podemos modificá-lo. Se quebramos a perna praticando esqui fora da pista aos dezessete anos, não podemos fazer absolutamente nada para mudar esse fato. Nenhuma ação é concebível sobre o que já aconteceu, e nossa vida carregará essa experiência para sempre. Mas, por termos quebrado a perna, pode ser que hoje sejamos mais atentos e cuidadosos ao esquiar. Pode ser, inclusive, que nunca mais esquiemos, se esse incidente causou um traumatismo grave. Nosso passado influencia em nosso presente. Nossa personalidade, nossos gostos, nossas preferências são o resultado de um longo processo que remonta à nossa infância. "Eu *sou* meu passado", afirma Sartre. Pois não existe ruptura entre nosso passado e nosso presente, um afeta o outro e o vínculo é evidente entre aquilo que vivemos, o que fomos e o que somos:

> Nesse sentido eu *sou* meu passado. Não o tenho, eu o sou: aquilo que dizem acerca de um ato que pratiquei ontem ou de um estado de espírito que manifestei não me deixa indiferente – fico magoado ou lisonjeado, reajo ou pouco me importo, sou afetado até a medula. Não me desassocio de meu passado (*O ser e o nada*, p. 167).

O exemplo da amnésia é interessante. Se nós perdemos de repente a memória, não temos mais referências. Não podemos mais nos identificar graças aos lugares, às pessoas ou aos momentos. A perda de nosso mundo equivale à perda de nós mesmos. Consequentemente, o passado é essencial para dar sentido aos seres e às coisas, é imprescindível para podermos nos pensar no presente através de nossa história individual, pessoal. Sem nosso passado, não somos nada.

> O passado é presente e funde-se insensivelmente com o presente. [...] Tudo que sou, tenho-de-sê-lo à maneira do tendo--sido (*O ser e o nada*, p. 610).

...mas o passado não define tudo

No entanto, como vimos, não devemos fazer de nossas vivências algo alienante e nos identificarmos com isso. Na verdade, em sentido estrito, nem mesmo poderíamos fazê-lo. Primeiramente, porque no presente nós sempre nos tornamos outra coisa e, depois, porque existe sempre um nada que nos separa daquilo que temos sido. O passado de nossa vida está aí, nos pertence, não sendo nada mais que o em-si que se oferece para nossas impressões e para nossos sentimentos:

> O passado se dá como para-si convertido em em-si. Esta vergonha, enquanto a vivo, não é o que é. No presente eu a *era*, e posso dizer: *era* uma vergonha; tornou-se o que era, atrás de mim; tem a permanência e constância do em-si, é eterna em sua data, possui a total aderência do em-si a si mesmo (*O ser e o nada*, p. 172).

Mas sendo um em-si, o passado nos pertence na medida em que não exclui nossa liberdade. Com efeito, como o presente, nós o valorizamos ou não de acordo com nossos desejos e a existência a que aspiramos. Nós escolhemos nosso passado em função de nossos objetivos futuros. Nós mantemos um fato, um acontecimento, um encontro, atribuímos-lhe um sentido na ótica de determinada opção de vida. Nossa relação com o passado é, assim, subjetiva; ela nos reúne, a interpretação de nossa vivência se faz à imagem daquilo que somos ou queremos ser. Por que um fato até então engraçado passa a ter importância? Porque podemos reconhecer aí sua dimensão anunciadora. Vemos muitas vezes comediantes que refletem com emoção sobre sua infância, a alegria de suscitar a atenção de seus companheiros de classe através de imitações, pequenas representações do cotidiano, sua propensão a encarnar personagens. Do mesmo modo o mecânico terá prazer em contar como gostava de desmontar e montar novamente seus carrinhos de brinquedo quando era pequeno, sem nada dizer sobre o longo tempo passado em cursos de desenho, simplesmente porque essa ocupação não tem relação alguma com seu presente e seus projetos.

Nossa liberdade é irredutível

Ao longo de nossa existência, de vez em quando fazemos um levantamento da situação de nossa vida: No passado, no presente, ela está satisfatória? É uma vida invejável, ou não? O que devemos fazer: aceitá-la ou procurar mudá-la? Às vezes chegamos até a pedir a opinião de um amigo a respeito: "Você acha que eu devia seguir uma carreira científica?" "Você acha que está na hora de eu ter um filho?" Sobre todas essas questões, a posição do existencialismo é clara: por sermos conscientes e, portanto, estarmos em relação com nosso passado, no presente e no futuro, somos totalmente livres e decidimos sozinhos sobre aquilo que nos tornamos.

Claro, no presente somos "em situação", na medida em que temos uma profissão, uma vida sentimental, paixões. Mas, fora de nós, ninguém pode se pronunciar a respeito do que vivemos. Apenas nós mesmos podemos afirmar se nossa situação é negativa ou positiva, e modificá-la ou não. Dizer que uma situação – por exemplo, um luto ou uma doença grave – é absolutamente insuportável, que ela deve necessariamente engendrar essa ou aquela consequência, como se fala de um vidro que se deixa cair sabendo que vai se quebrar, seria conceber nosso comportamento e nosso juízo da mesma forma que se faz com os fenômenos naturais, ou seja, segundo um esquema determinista, um encadeamento causal inelutável: as mesmas causas produzem os mesmos efeitos. Retornemos ao nosso projeto de nos tornarmos um trabalhador autônomo. Se não fizermos nada para concretizá-lo no presente, em nosso cotidiano, ficaremos azedos, frustrados, infelizes. Por outro lado, se começarmos a nos informar a respeito, ficaremos animados, nosso semblante se torna radiante. Nossa percepção do presente muda, portanto, em função de nosso objetivo. Passado e presente encontram seu sentido somente em relação à nossa visão de futuro.

Para Sartre, somos assim um eterno "projeto". Não podemos compreender – capturar – nossas decisões senão a partir dos nossos desejos. Em suma, ninguém é determinado, todos somos livres em nossas decisões "em situação". Nossos juízos e nossas ações (ou nossa inação) devem ser postos em relação com nossa representação do futuro. Nós vamos além, nós "transcendemos" sempre aquilo que somos diante daquilo que queremos ser. Somos sujeitos livres no presente e nos definimos por nossos atos. Portanto, nenhuma fatalidade, nenhuma predestinação condiciona a existência, não há nenhuma razão para baixar os braços! Pelo contrário, novas possibilidades sempre podem ser encaradas! Uma constatação otimista que tem sua inevitável contrapartida: uma responsabilidade absoluta. Nossa vida nos decepciona? Temos vergonha daquilo que somos? Cabe a nós fazer alguma coisa, e a ninguém mais:

> O existencialista diz que o covarde se faz covarde, e o herói se faz herói. Existe sempre uma possibilidade para o covarde

de deixar de ser covarde e para o herói de deixar de ser herói. O que determina é o engajamento total e não é um caso particular, uma ação isolada, que engajará você totalmente (*O existencialismo é um humanismo*, p. 33).

O "essencial" ainda está por ser feito

O cortador de papel não tem mérito algum em cortar papel, assim como o nosso cachorro ou o nosso papagaio não têm mérito algum em correr depressa ou voar, pois isso é da natureza deles! Sujeitos à ordem dos instintos, eles se tornam rapidamente aquilo que permanecerão sendo por toda a vida. Nós, ao contrário, por sermos seres humanos em situação, merecemos ser heroicos, generosos ou audaciosos. Nós não éramos nada no começo que nos predestinasse a um futuro preciso. Nosso mérito, portanto, é maior porque apenas nós decidimos sobre nossa vida. O essencial, portanto, está por ser feito e a tarefa cai em nossas mãos. Quanto mais o tempo passa, mais a essência se impõe sobre a existência para selá-la definitivamente quando a morte chegar. O que sobra então? Uma vida escolhida livremente, desse momento em diante sujeita ao veredicto daqueles que ficam.

Obviamente, nós sempre encontraremos resistências em nós mesmos, e pessoas para nos desencorajarem, para nos inculcarem a ideia de que nossa vida está totalmente traçada, que o desejo de mudança ou o ímpeto de aperfeiçoamento pessoal são inúteis. Por que, de fato, nesses tempos de desemprego, correr o risco de deixar um emprego que nos garante um conforto material? Definitivamente, duas trajetórias se abrem a nós: de um lado, a platitude no *status quo*; de outro, a originalidade na diversidade. Trata-se agora de compreender por que nós somos tantas vezes tentados pela má-fé, por que podemos sucumbir a uma dessas tentações: ser um "frouxo" ou um "asqueroso".

Questões vitais

1) O desejo, para você, é causa de frustração ou de emulação? Saber que você jamais será integralmente pleno engendra em você pessimismo ou, ao contrário, o leva a ir adiante para construir novos projetos e tentar evoluir? No fundo, a felicidade como estado em que não houvesse nada mais a almejar é realmente desejável?

2) Você consegue estabelecer a relação entre o que você é e o que você vivenciou? Esse vínculo lhe parece desimportante ou fundamental? Tente se abstrair de seu passado, das coisas que conheceu e das experiências acumuladas. Como você se percebe? Que homem ou que mulher é você?

3) O passado é para você um bloco cronológico imutável de onde nascem lembranças ou um conjunto de acontecimentos disponíveis à sua seleção, à sua livre interpretação? Há apenas uma leitura do passado ou uma infinidade de abordagens possíveis de acordo com o presente e segundo algumas perspectivas de futuro? Por fim, somos totalmente feitos de nosso passado ou teríamos uma espécie de liberdade em relação a ele?

4) Acredita que existem causas agindo sobre você para dirigir seus pensamentos e seu comportamento? Como os demais fenômenos naturais, você tem a impressão de ser o produto de um encadeamento causal contra o qual não tem nenhum poder? Ou, ao contrário, acredita poder dar livremente um sentido ao seu passado e ao seu presente em função do que você quer fazer, e do que deseja viver?

O impasse da má-fé

Quem são esses "frouxos" e esses "asquerosos" que Sartre critica? Esperemos um pouco para descobrir, mas desde já podemos apontar o que eles têm em comum: a má-fé. A má-fé designa o fato de raciocinar em termos de natureza. Por que deveríamos aceitar o fardo da liberdade e da responsabilidade que ela implica? Por que simplesmente não nos subtrairmos das reprovações e das acusações? Com efeito, tudo é bem mais simples quando negamos nossa liberdade para nos abrigar por trás do determinismo, para termos desculpas fáceis invocando, por exemplo, nossa infância ou os genes, que seriam os responsáveis por distribuir os papéis, modelar os caráteres e definir os comportamentos, sem possibilidade de interferência. Não precisamos mais, então, assumir nossos atos. De fato, lutar contra os "frouxos" e os "asquerosos", para Sartre, é lutar por uma verdade: "o ser humano está condenado a ser livre".

Não é possível escapar de si mesmo

Sejamos honestos: todos nós algum dia já dissemos uma coisa pensando o contrário, ou afirmamos algo sobre nós, os outros ou uma situação sabendo que a verdade era outra. Pegos em flagrante delito em uma partida de um jogo de cartas, nós negamos energicamente; ao chegar atrasados em um encontro, usamos a desculpa de que o trânsito estava impossível. Temos então perfeita consciência de que estamos mentindo, tentando enganar a consciência alheia. Estamos então na situação descrita no trecho a seguir?

> Um homossexual tem frequentemente intolerável sentimento de culpa, e toda sua existência se determina em relação a isso. Pode-se concluir que esteja de má-fé. De fato, com frequência esse homem, sem deixar de admitir sua inclinação homossexual ou confessar uma a uma as faltas singulares que cometeu, nega-se com todas as forças a se considerar *pederasta* (*O ser e o nada*, p. 110).

Não se trata aqui de mentir a alguém, mas de mentir para si mesmo. Sartre distingue desse modo entre mentira e má-fé. Quando estamos em má-fé, é a nossa própria consciência que estamos tentando enganar e não a do outro. Para Sartre se, enquanto homossexuais, apreendemo-nos como um objeto, como um ser em si, quer dizer que nós explicamos nossos atos e nossos gestos como decorrentes de nossa natureza homossexual, negamos nossa realidade de pessoas conscientes capazes de escolher e lançar essa ou aquela imagem do homossexual contra os prejulgamentos (Jean Genet ilustrou isso perfeitamente). Ora, como vimos, nunca estamos em total adequação conosco mesmos pelo simples fato de que pensamos: o para-si exclui o em-si, sendo a partir daí de má-fé afirmar o contrário. Imaginemos que tivéssemos cancelado no último momento um convite para a casa de amigos alegando uma doença qualquer e imaginemos que esses mesmos amigos nos surpreendessem num restaurante em companhia de outros amigos. Diante de seu pedido de explicações, iríamos sem dúvida ficar embaraçados, soltando as primeiras razões falaciosas que nos passassem pela cabeça, mostrando claramente que temos algo a nos reprovar. Fugimos assim conscientemente de uma realidade que nos envergonha, evitamos nossa liberdade de dizer simplesmente que não estávamos com vontade de jantar na casa deles. Sartre vê assim na má-fé a perfeita armadilha essencialista, a manifestação de uma autopersuasão impossível e de uma liberdade inevitável.

Mas nunca encontramos alguém que, depois de nos ter feito um comentário desagradável, nos lança na cara: "Eu sou assim, sou franco!" Invocando o fato de "ser assim", essa pessoa também cai na mesma armadilha do essencialismo invocando uma pseudonatureza franca. Dessa forma existe sempre má-fé na sinceridade... Ademais, exigir a franqueza, assim, é sempre ambíguo, como mostra o apelo ao bom senso daquele que julga o outro para identificá-lo, como vimos nos propósitos do heterossexual que, em nome de normas morais, interpela o homossexual como se apela à confissão:

> De fato, quem não vê o que há de ofensivo para o outro e tranquilizador para mim em uma frase como "Bah! é um pederasta", que cancela de um golpe uma inquietante liberdade e, doravante, pretende constituir todos os atos do outro como consequências a fluir rigorosamente de sua essência? Contudo, é o que o censor exige da vítima: que se constitua enquanto coisa, entregue sua liberdade como um feudo, para em seguida devolvê-la, tal como o soberano faz com seu vassalo (*O ser e o nada*, p. 112).

Circunstâncias atenuantes na má-fé

A crítica da má-fé assume para nós a forma de uma injunção: "Assuma sua liberdade, não se deixe prender pela armadilha do essencialismo!" Se recusarmos enxergar que somos livres, então estamos mentindo a nós mesmos e estamos de má-fé. Já repetimos suficientemente que, condenados a ser livres, nós não o somos naturalmente. No limite, se quisermos falar de um caráter comum universal aos seres humanos, podemos nos referir a uma "condição", ou seja, um conjunto de elementos incontornáveis que toda vida humana pressupõe:

> O que não varia é a necessidade, para ele, de estar no mundo, trabalhar, conviver com outras pessoas e ser, no mundo, um mortal (*O existencialismo é um humanismo*, p. 35).

A partir disso, agimos e nos definimos superando sempre aquilo que somos. Não somos nem bons nem maus, nem superiores nem inferiores para sempre nem em virtude de nossa "raça", de nosso ambiente ou de nossas preferências sexuais! Em toda autodeterminação, em toda circunstância, existe liberdade, existe "jogo", um deslocamento inerente a toda referência a si. Dessa forma, em *As palavras*, Sartre afirma que ele *brincava* de (ser) criança-modelo diante de seu avô. Ele fazia de conta. Definitivamente, como um comediante, por mais investidos que estejamos de nosso papel, nós jamais somos inteiramente nossos personagens:

> Jamais sou qualquer de minhas atitudes ou condutas. [...] o aluno atento que quer *ser* atento, o olhar preso no professor, todo ouvidos, a tal ponto se esgota em brincar de ser atento que acaba por não ouvir mais nada (*O ser e o nada*, p. 107).

Acontece, no entanto, de nos encontrarmos diante de situações que favorecem nossa má-fé. É o caso quando somos vítimas das instituições, das normas sociais e de seus estereótipos depreciativos. Assim, o garçom de cafeteria que invocávamos na primeira parte devia necessariamente coincidir com sua função, com o arquétipo do garçom de cafeteria, se não quisesse ser dispensado. Se formos operários, como não iríamos nos definir de uma vez por todas em função de nossa condição social? Fiéis às regras, às obrigações de nossa profissão, modelados por ela, como não nos identificaríamos com uma imagem, com aquilo que esperam de nós? Contudo, não se nasce operário, ou mulher. Pensemos, com efeito, na célebre fórmula de Simone de Beauvoir em *O segundo sexo*: "Não se nasce mulher; torna-se mulher". Contra os estereótipos, cada mulher deve poder se construir por suas ações e se definir por meio delas. Um operário em si, ou uma mulher em si não existem senão em uma consciência coletiva, em um quadro ideológico sempre preocupado em atribuir a cada pessoa um lugar e uma função bem precisas. Essa é, na verdade, a finalidade da luta existencialista para a causa operária e a causa feminista.

Uma frouxidão sempre tentadora

Não é tão simples ser livre. Às vezes, temos dificuldade para assumir nossa liberdade porque ela pode representar um fardo do qual preferimos nos desvencilhar. Se vivemos uma relação amorosa na qual não queremos investir no longo prazo e nosso cônjuge nos manifesta seu desejo de ter um filho, nós podemos invocar nossa instabilidade visceral para recusar. Assim, nós mesmos acionamos um processo de identificação (sempre inútil) com uma essência da qual esperamos obter circunstâncias atenuantes, um certo conforto. Gostaríamos de ser, uma vez por todas, alguma coisa e acertar definitivamente o problema do livre-arbítrio, não ter mais que tomar nenhuma decisão! Pois se é fácil assumir atos em que podemos nos sentir confiantes, como aceitar tão facilmente toda a responsabilidade por nossos repetidos reveses? Somos capazes de reconhecer nossos medos, nossos limites? É fácil assim dizer "eu não sei" ou "eu não consigo"? Não é mais cômodo arrumar uma desculpa invocando a sorte, os genes ou a educação que tivemos? Não é mais prático apelar à natureza humana para justificar nossos erros? Para Sartre, esse determinismo é o recurso dos "frouxos", daqueles que preferem acreditar que a essência precede a existência, daqueles que tentam se assegurar sem muitos custos. Pois nunca tiveram a coragem de viver aceitando a possibilidade da mudança e da novidade:

> Aqueles que encobrem, à guisa de seriedade ou com escusas deterministas, sua total liberdade, eu os chamarei de covardes; e os que tentam mostrar que sua existência é necessária, sendo que ela é a própria contingência da aparição do homem sobre a Terra, a esses os chamarei de asquerosos (*O existencialismo é um humanismo*, p. 40).

O "asqueroso"...

Na obra de Sartre, *Les mains sales* (*As mãos sujas*), um burguês se encontra, paradoxalmente, na condição de vítima de sua classe social. Estigmatizado pelos membros do Partido Comunista ao qual acaba de se filiar, Hugo, um jovem intelectual, exclama:

> Não me defendam! Quem lhes pediu para me defender? Vocês veem muito bem que não há nada a fazer; estou acostumado. Quando os vi entrar, imediatamente reconheci o riso deles. Eles não eram bonitos. Podem crer-me; eles vinham fazer-me pagar por meu pai e por meu avô e por todos da minha família que comeram porque estavam famintos. Digo-lhes que os conheço, eles jamais me aceitarão. São cem mil que olham com esse sorriso. Eu lutei, eu me humilhei, fiz de tudo para que me deixassem em paz, repeti-lhes que os amava, que os invejava, que os admirava. Nada a fazer! Nada a fazer! Eu sou um filho de ricos, um intelectual, alguém que não trabalha com suas próprias mãos. Pois bem, que pensem o que quiserem. Eles estão certos, é uma questão de pele (*Les mains sales*, p. 97).

Por sua posição, esses membros do Partido Comunista se arrogam o direito de negar a Hugo sua liberdade de aderir ao movimento usando como pretexto sua "natureza" burguesa. Assim, enquanto o frouxo tenta enganar a si mesmo, e nega sua situação, o asqueroso se crê "escolhido". Ele marca sua vida com o selo da exceção pensando que sua constituição profunda explica o seu lugar, suas vantagens ou sua onipotência sobre os demais. No entanto, seu valor e sua importância são irrisórias, nada mais que justificativas erradas de uma existência totalmente arbitrária. Confundindo o em-si e o para-si, o asqueroso produz e difunde um essencialismo em que a "coisificação" atinge seu ápice em um mundo onde ele se destaca. Conduzindo-nos ao estatuto de objeto, o asqueroso nos transforma em suas vítimas.

...esse perigo

Como secretários, tomamos a iniciativa de um procedimento que visa facilitar o trabalho da empresa em que trabalhamos. Sabendo disso, eis que vem o patrão e nos diz: "Gostaria de lembrá-lo que você é apenas um secretário, e ninguém lhe pediu para ter iniciativas. O patrão sou eu". Situação perfeitamente humilhante e desvalorizante. Para Sartre, o asqueroso se identifica a tal ponto com sua função que ele nos coisifica e nos nega nossa condição de sujeitos livres enquadrando-nos dentro de uma categoria redutora.

Por tentar se identificar com uma "raça", ou um título ou uma reputação, por se pretender necessário quando não pode sê-lo – pois sua situação é apenas uma possível entre diversas outras possíveis –, por buscar encarnar o verdadeiro ou o bom para apoiar seus discursos, suas ações ou suas atrocidades, o asqueroso é sempre de má-fé. Precisamos, então, desconfiar de seus efeitos devastadores. Assim, a História nos mostrou por meio de seus genocidas que ele poderia chegar à barbárie para impor sua visão de mundo. Mais perto do nosso dia a dia, vemo-lo atuando em inúmeros casos de assédio, moral ou sexual, relatados na mídia, com esses homens levados ao suicídio dentro de grandes empresas. Para concluir, eis um outro exemplo, emprestado de *La P... respectueuse*. Notável de uma cidade do sul dos Estados Unidos, Fred Clarke, para quem todo homem preto já nasce culpado, dirige-se a uma prostituta que o ameaça com uma arma:

> Meu pai é senador; eu serei senador depois dele: sou seu único herdeiro homem e o último de meu nome. Nós construímos este país e sua história é a nossa. Houve Clarkes no Alasca, nas Filipinas, no Novo México. Você ousaria disparar contra toda a América? [...] Uma moça como você não pode atirar em um homem como eu. Quem é você? O que é que você faz no mundo? Você ao menos chegou a conhecer seu avô? Quanto a mim, eu tenho direito de viver. Há muitas coisas a serem realizadas e estão me esperando (*La P... respectueuse*, p. 81-82).

São todos potencialmente asquerosos?

Façamo-nos a pergunta: O asqueroso é sempre o outro? Somos sempre irrepreensíveis, livres de preconceitos negativos, discriminatórios? Nosso ego nos poupa de reações absurdas contra o outro? Na faculdade ou no trabalho, por exemplo, nunca nos aconteceu de contar vantagem de nosso conhecimento sobre colegas ou companheiros? Pode acontecer, inclusive, quando um amigo nos conta um problema, de nos orgulharmos de nossa situação em comparação com a dele, considerando que na mesma situação nossa inteligência nos teria permitido agir de maneira muito mais pertinente. Pois, como vimos, as questões de consciência são sem dúvida conflitivas, de modo que devemos admitir com lucidez que nada nos protege de agirmos também de maneira asquerosa. O interesse das análises de Sartre está justamente em identificar o mal para nos prevenir dele tanto quanto possível.

O submetimento recíproco é primário, inclusive na relação o menos suspeita possível feita, *a priori*, de bem-querer recíproco, de atenções generosas para com o outro: o amor. No cinema, as frases que mais ouvimos são coisas como "eu sou teu", "tu és minha". Quem sabe nós mesmos já as utilizamos... Se formos ciumentos, quando vemos a pessoa que amamos explodir em gargalhadas com outra pessoa não ficamos com um sentimento de estar sendo traídos, pensando que essas risadas gostosas da pessoa que amamos deveriam se reservar a nós?

Mas então, o que procuramos na relação amorosa? "Por que o amante quer ser amado?", pergunta-se o nosso filósofo. Se dizemos ao outro "você é meu", isso significa que queremos privá-lo de sua liberdade? Imaginamos realmente um amor fusional, passional, que nos fecharia em um esquema determinista?

> [O amante] não quer converter-se em objeto de uma paixão transbordante e mecânica. Não quer possuir um automatismo, e, se pretendemos humilhá-lo, basta descrever-lhe a paixão do amado como sendo o resultado de um determinismo psicológico (*O ser e o nada*, p. 458).

Desejamos assim possuir o outro, mas de uma maneira bem específica. Através do casamento? Para Sartre, esta seria a expressão de um amor "obrigatório" e desvalorizante. De acordo com ele, não queremos o casamento porque ele consiste em uma relação fundada exclusivamente no engajamento do outro, em uma palavra dada para um amor obrigado. Não queremos uma submissão voluntária e institucional, uma prisão por obrigatoriedade, algo inclusive pouco lisonjeiro:

> Quem se satisfaria se lhe dissessem: "Eu te amo porque me comprometi livremente a te amar e não quero me desdizer; eu te amo por fidelidade a mim mesmo"? (*O ser e o nada*, p. 458).

Como assim? Pensemos nos primeiros tempos de nossa relação amorosa. Quando, pela primeira vez, nosso amante se entrega livremente a nós e se abandona. Que alegria sentimos então, nós nos sentimos importantes! Como não existe Eros sem Narciso, nós ficamos orgulhosos com a ideia de acreditar em nossa presença insuperável. Que prazer quando o outro nos declara que somos tudo para ele, que não pode viver sem nós! Assim, queremos que ele nos pertença, mas que faça isso livremente; queremos que ele sempre nos surpreenda, que nos escolha cada dia e não de uma vez por todas, nunca por necessidade ou por obrigação convencional! Querer que o outro nos ame é querer que o faça livremente. Em suma, no amor, nós desejamos no outro uma liberdade que se pareça com um determinismo: "Eu amo você, isso é mais forte do que eu".

O que se quer é que "a liberdade do Outro se determine a si própria a converter-se em amor – e que esta liberdade seja subjugada *por ela mesma*, reverta-se sobre si própria, como na loucura, como no sonho, para querer seu cativeiro. E este cativeiro deve ser abdicação livre e, ao mesmo tempo, acorrentada em nossas mãos" (*O ser e o nada*, p. 458).

É preciso, contudo, estarmos atentos: nada impede essa dominação estratégica de se converter em um machismo retorcido e insuportável. O amante mitiga seu amor próprio em contato com aquela que o escolheu! Mas é um pequeno passo entre esse egocentrismo e o cinismo desprezível que instrumentaliza os sentimentos. A mulher, nessas condições, pode se tornar o brinquedo de uma masculinidade triunfante. Podemos, ademais, nos perguntar diante das múltiplas conquistas femininas de nosso filósofo:

Sartre teria também sucumbido a isso? Seria ele também um "asqueroso", afinal?

Seja como for, o asqueroso precisa manter sua pose, conservar sua reputação. Ele adere tanto quanto for possível à sua personagem ao mesmo tempo em que é artesão de sua própria alienação. Executando as mesmas figuras impostas, ele cola em sua imagem na ilusão de uma identificação essencial e definitiva. Mas cuidado com a queda! Cuidado com as mudanças da situação! Cuidado com a vergonha e com o grotesco! Muitos homens não se tornam hoje vítimas da emancipação feminina? A dominação masculina não é na atualidade motivo de zombaria? Em defesa de si mesmos, os homens não estão hoje sofrendo de uma falocracia declinante? Destituído, o asqueroso experimenta rapidamente a punição: desvalorização, "perda de si" que pode levar a problemas de identidade e a um profundo mal-estar. Assim, paradoxalmente, vimos que o determinismo pode revelar-se confortável e a liberdade... um estorvo. O covarde e o asqueroso nos mostram a que ponto é difícil consentir com a mudança, para si mesmo e para os outros. Dizer que o jogo está definido, que nada pode acontecer fora do que foi predefinido, equivale a negar a realidade em si e preferir a norma à novidade, o habitual ao inesperado. Uma existência digna desse nome invoca hoje outra coisa: uma liberdade viva que se prova na ação.

Questões vitais

1) Você é de má-fé? Você tem a tendência de reconhecer a evidência ou negá-la? Sua inclinação é reconhecer seus defeitos, as reprovações feitas a você ou a disfarçá-las? Você tem facilidade para aceitar críticas? Costuma praticar a sinceridade ou a má-fé?

2) Você tem necessidade de encontrar sistematicamente escusas? Isso o deixa tranquilo de fato, ou você tem a impressão de que uma espécie de covardia acaba tomando conta de você e, como o tempo, não lhe faz bem algum? Quais os inconvenientes de uma atitude assim? O que ela acaba fazendo você perder? Ouse confrontar-se com esse questionamento...

3) Pode acontecer de você abusar de seu *status*, de sua função, de sua posição em relação aos outros? Isso representa para você uma fonte de prazer, de satisfação, ou é algo que o deixa desconfortável? Ter uma ascendência, um poder sobre o outro, pode fazer com que você o trate sem consideração, como uma coisa, ou você tem sempre presente sua liberdade e sua dignidade?

4) Você se sente incumbido de uma missão, de uma função determinante? Sua presença neste mundo subtrai-se ao acaso, é totalmente necessária e justificada? Por que exatamente?

5) Como você definiria o amor? Como paixão, um contrato? O que ele lhe dá? Você considera que a relação amorosa tira a liberdade e acha que você mesmo limita as liberdades de quem você ama?

III

Os meios de agir

Agir para existir livremente

Uma vida simplesmente pensada é uma não-vida

Como é doce sonhar sua vida... Imaginar-se em outros lugares, ser outra pessoa... Sonhar que um dia iremos exercer a profissão que realmente nos agrada, que um dia faremos *bungee jumping*, que um dia, finalmente, entraremos em uma associação de ajuda aos outros. Enfim, como somos bons em postergar as coisas! Nada impede, de fato, que imaginemos nossa vida a cada instante e de crer que o futuro será melhor, mas ficaremos esperando? Nada, uma nulidade nos define e resume nossa vida. Ademais, que garantia teremos de que esse futuro melhor irá acontecer?

O existencialismo de Sartre age, assim, como um aguilhão que, enquanto ficamos sonhando ou tergiversando, ao passo que tudo se agita à nossa volta, como em uma imagem congelada em espera perpétua, vem nos picar para fazer com que nos mexamos. O existencialismo nos cutuca e provoca a agir sem cessar, sem procurar escapatórias ou desculpas. É aqui e agora que nossos projetos começam, que se decide nossa existência, na forma de realizações concretas. Pois, se existe uma coisa certa, é que a morte nos espera no fim do caminho. Então será tarde demais para mudar o que quer que seja...

O refúgio no imaginário

Tal como um cavalo que fica imóvel diante de um obstáculo, acontece-nos às vezes de ficar completamente freados diante de algo a fazer ou uma decisão a tomar. Sejamos crentes ou não, todos temos a tendência a nos confiar à providência, esperando que alguma coisa aconteça e nos dispense de agir ou de decidir por nossa conta: "Bom, vamos ver..." Se temos quinze anos, por exemplo, e já nos foi solicitado há vários dias para arrumar nosso quarto, com certeza é por certa preguiça que deixamos sempre para mais tarde o momento de por mãos à obra. E é sempre um pouco divertido constatar a que ponto nossa imaginação pode ser criativa quando achamos que, com um pouco de sorte, a bagunça se arrumará sozinha...

Alguns anos mais tarde, nosso patrão nos oferece uma promoção: um trabalho em outro país, nosso sonho. Mas sabemos que, infelizmente, nosso cônjuge é absolutamente contra essa ideia, pois ele ou ela sempre disse que viver longe de casa lhe parecia totalmente impossível. Sabendo disso, não iremos lhe dar a notícia no dia seguinte, mas vamos também nisso postergar para mais adiante... Dessa vez, contudo, não é por preguiça. Nosso cérebro pensa em milhares de coisas ao mesmo tempo: nós consideramos os prós e os contras, procuramos argumentos para convencer o outro, imaginamos nossa reação se ele ou ela recusa, ou se aceita, sem podermos evitar, no entanto, nos imaginar como felizes expatriados. Assim nos fechamos numa situação irresoluta, angustiante, diante da ideia de fazer o anúncio da novidade, porque temos medo de ter que assumir as consequências disso. Devemos sacrificar nosso sonho ou nosso cônjuge?

Para Sartre, com efeito, um dos maiores fatores de bloqueio que oprime nosso espírito de descoberta e entrava nossa aspiração à novidade é a angústia, que nasce em nós quando nos encontramos diante do desconhecido, do indeterminado. Pois, mais que a expressão de uma grande inquietude, de uma ansiedade profunda, segundo ele, sentimos angústia porque somos sujeitos livres que têm que assumir toda a responsabilidade pela sua própria existência. Se recusarmos a promoção, isso será uma decisão nossa, não poderemos absolutamente ficar chateados com nosso cônjuge; se um dia estamos amargos, devemos assumir nossa amargura, pois apenas nós somos os responsáveis por isso.

Nesse sentido é que achamos a frouxidão algo tentador, e por que tantas vezes deixamos as coisas para mais tarde. Pois enquanto não dissemos nada ainda ao nosso cônjuge, tudo ainda é possível, e podemos sonhar à vontade. Buscar refúgio no imaginário nos permite evitar as ameaças do presente. Encontramo-nos em um estado de espera em que a imaginação nos protege sublimando os acontecimentos que virão. O virtual suplanta o real de nossa vida adormecida...

Claro, diz-se que a esperança é que nos faz viver. Mas, se não tomarmos uma decisão, chegará o momento doloroso em que tomaremos consciência de nosso erro, e então a onda de arrependimento nos submergirá. De fato, como encarar no final um tempo perdido para sempre, a pouca estima por si e o desprezo dos outros? Se temos a impressão de ter desperdiçado nossa vida, como podemos assumir isso? Por meio da má-fé, obviamente. Iremos procurar desculpas, mas compreenderemos – tarde demais – que ao nos satisfazer com nosso imaginário demonstramos nossa fraqueza. Portanto, agora é a hora de nos questionarmos: Queremos realmente encarnar nossa fraqueza?

> Podemos compreender por que nossa doutrina apavora a certo número de pessoas. É que muitas vezes elas não conhecem outra maneira de suportar sua miséria senão pensando: "As circunstâncias foram contra mim, eu valia mais do que eu fui. Obviamente, eu não tive grandes amores, ou grandes amizades, mas foi porque não encontrei o homem ou a mulher que fosse digno [...]. Assim, tenho em mim uma multidão inutilizada e inteiramente viável de habilidades, inclinações e possibilidades que me dão um valor maior do que aquele que a simples série de ações que realizei permite inferir". Ora, na realidade, para o existencialista, não existe outro amor do que

aquele que se constrói; não há outra possibilidade de amor do que aquela que se manifesta em um amor. [...] Um homem se compromete em sua vida, traça seu perfil, e fora dessa figura não há nada. Evidentemente, essa forma de pensar pode parecer dura a alguém que não teve sucesso em sua vida. Mas, por outro lado, ela dispõe as pessoas a compreenderem que somente a realidade é que conta, e que os sonhos, as expectativas, as esperanças, permitem apenas definir alguém como um sonho malogrado, como esperanças abortadas, como expectativas inúteis; ou seja, isso as define negativamente e não positivamente (*O existencialismo é um humanismo*, p. 30-31).

Que dobrem os sinos!

Como, então, sairemos de nossa passividade? Pensando na morte, simplesmente. Se somos todos condenados a ser livres, também somos todos condenados a morrer. O sino deve então ressoar em nossos ouvidos como um alerta, pois a lembrança da morte pode nos ser de grande utilidade. Pode, com efeito, nos tirar de nosso torpor, nos desvelar o que significa esse *ex-istir*. Por sermos seres vivos, abrem-se diante de nós possibilidades a cada instante. A morte nos revela algo evidente: quando a vida se acaba, não temos mais nenhuma margem de manobra, e é impossível mudar o que quer que seja. Vimos que, em *A portas fechadas*, Garcin, Inês e Estelle, depois de mortos, tomam consciência de seus erros, de sua profunda escuridão, através do discurso violento de seus companheiros. A sentença está, assim, no julgamento definitivo dos outros, que ecoa em sua própria consciência, sem possibilidade de fuga, e ela é definitiva: eles estão mortos, afinal, e não poderão mudar absolutamente nada no curso de sua vida, nem desfazer o mal que fizeram. Garcin bem que tentará se justificar diante de seus dois "carrascos"; ele sabe que é frouxo, sua vida é prova disso:

> Morremos sempre cedo demais ou tarde demais. E, no entanto, a vida está aí, terminada: o traço foi riscado, é preciso fazer a soma. Você não é nada mais do que sua vida (*Huis clos*, p. 89).

A morte transforma dessa maneira, definitivamente, a existência em essência: Garcin permanecerá frouxo para sempre, assim como uma mesa continuará sendo uma mesa para sempre. A morte também sinaliza a vitória do ponto de vista do outro sobre nossa vida. Com efeito, uma vez que estivermos mortos, o outro poderá definitivamente fazer de nós o que quiser. Mas ao despintar com violência a tragédia da morte, Sartre faz de seu *A portas fechadas* um hino à vida. Evidentemente, a morte é inevitável, mas sua evocação, longe de nos assustar ou nos paralisar, irá ao contrário nos impelir a viver, antes que seja tarde demais:

> No extremo limite, no instante infinitesimal de minha morte, não serei mais que meu passado. Somente ele me definirá. É o que Sófocles quis expressar quando, em *As traquínias*, faz Dejanira dizer: "Antigo é o refrão corrente entre os homens segundo o qual não se pode julgar a vida dos mortais e dizer se foi feliz ou infeliz antes de sua morte". É também o sentido da frase de Malraux [...]: "A morte transforma a vida em Destino". [...] Pela morte o para-si se converte para sempre em em-si, na medida em que deslizou integralmente no passado (*O ser e o nada*, p. 167-168).

Aprender com a morte dos outros

Pode-se dizer que devemos cada dia pensar em nossa morte para sermos plenamente atores de nossa vida? Fique tranquilo, não é isso que o filósofo pede de nós. Ademais, seria difícil, ou até impossível, segundo ele, que pensássemos nossa própria morte, e é este paradoxo que ele se esforça por justificar.

Primeiramente, esperar nossa morte é uma aposta, pois essa ideia nos mergulha numa absoluta hipótese. Podemos, com efeito, esperar alguém ou alguma coisa em um contexto preciso, um encontro, por exemplo, estando conscientes das possíveis razões de um atraso ou uma desistência. Isso é possível se a justiça nos condenar à morte e fixar a data de nossa execução; é possível se estivermos gravemente enfermos e os médicos nos derem um prognóstico de alguns meses, semanas ou dias. Mas esperar *nossa* própria morte é um *nonsense*. Não se espera alguma coisa que pode acontecer a qualquer instante! É difícil, portanto, de apropriar-se da morte quando ela se torna uma abstração que acaba por não nos dizer mais respeito:

> Meu projeto rumo a *uma* morte é compreensível (suicídio, martírio, heroísmo), mas não o projeto rumo à *minha* morte como possibilidade indeterminada de não mais realizar presença no mundo, pois tal projeto seria destruição de todos os projetos. Assim, a morte não poderia ser minha possibilidade própria; não poderia sequer ser uma de *minhas* possibilidades (*O ser e o nada*, p. 662).

A morte é, assim, uma possibilidade que reduz a nada todas as outras possibilidades. Não estamos diante de uma dificuldade incontornável? Uma possibilidade que aniquila todas as outras não é mais possível! De fato, como vimos, nós mesmos somos um projeto perpétuo, nós existimos porque nos projetamos sem cessar em diferentes possibilidades. Portanto, não poderemos nos projetar em *nossa* morte, uma vez que ela nos retiraria toda possibilidade de nos projetar em outra coisa. Mesmo o suicídio, dessa forma, poderia ser compreendido se nós sobrevivêssemos a ele e pudéssemos dar-lhe um sentido!

Por outro lado, existe uma morte na qual podemos pensar, que é a morte dos outros. Quando perdemos um parente próximo, muitas vezes nos perguntamos se éramos dignos do amor que ele tinha por nós. Os outros nos deixam sua marca. Logo, pensar neles após sua morte nos leva a colocar diversas questões: Nossa vida está à altura do que eles desejavam? Fizemos o possível para que eles confiassem em nós? O dever de manter a memória tem, por isso, um sentido: evitar a indolência e as soluções fáceis a fim de explorar intensamente nossa liberdade.

As moscas, peça de teatro de Sartre inspirada no mito grego dos Atrides, apresenta Orestes decidido a se vingar, voltando com um nome falso à sua cidade natal, Argos. Descobre ali um povo "frouxo", criminoso, corroído pelo remorso, como os dois soberanos Egisto e Clitemnestra, mãe e padrasto de Orestes, que assassinaram Agamemnon, seu pai. O país inteiro foi invadido pelas moscas.

Impelido por sua irmã Electra, a quem revelou sua identidade, Orestes mata Egisto e Clitemnestra. Assumindo plenamente seu ato, ele deixa Argos livre e sem nenhum remorso, porque Júpiter, deus das moscas e da morte, perde todo o poder sobre aquele que tem consciência de ser livre. Ele provoca a saída das moscas, libertando assim seu povo.

Neste exemplo, não é em memória de seu pai que Orestes leva a cabo seu projeto? Escrita por Sartre durante a guerra, essa peça de teatro denuncia a inação culposa daqueles a quem os remorsos acabam submetendo. Ela mostra que, se a memória pode ser salvadora, o esquecimento ou a indiferença, por sua vez, geralmente são acompanhados pela passividade, a ingratidão e a infâmia.

O existencialismo, uma filosofia da ação

Decididamente, o existencialismo não é uma filosofia fácil. Ele não permite os pequenos arranjos consigo mesmo, ele condena nossos álibis de toda espécie e reprova as estratégias de fuga que elaboramos às vezes para nos sentirmos de bem com nossa consciência. Ele exige que façamos tudo o que está ao nosso alcance, que concretizemos nossos planos. Tudo depende da efetividade:

> O homem nada é além do que ele se faz. Esse é o primeiro princípio do existencialismo (*O existencialismo é um humanismo*, p. 19).

Devemos, portanto, nos confrontar com o real, aceitar as dificuldades e os questionamentos, mais do que sonhar ou esperar uma hipotética felicidade. O pensamento de Sartre, assim, é desconfortante, pois aponta com o dedo a miséria de vidas abandonadas pela frouxidão. Mas, se nos põe em confronto com nossas fraquezas e nossos medos, é para que nos esforcemos por superá-los e não nos deixemos de forma alguma dominar!

Com a publicação de *O ser e o nada*, Sartre se deparou com inúmeras críticas, principalmente por parte dos cristãos, para os quais negar a Deus conduzia à imoralidade e à anarquia. Críticas vindas também dos marxistas, que afirmavam que sua filosofia, ao retirar todo sentido do mundo e da existência individual, mergulhava os homens no desespero e os incitava ao *quietismo*; quer dizer, à passividade mais do que à ação. Vemos assim como é precisamente o oposto do pensamento de Sartre, que, ademais, escreveu *O existencialismo é um humanismo* com o objetivo de responder a essas objeções:

> O quietismo é a atitude daqueles que dizem: "Os outros podem fazer aquilo que eu não posso". A doutrina que lhes apresento é exatamente o contrário do quietismo, pois ela afirma: "Só existe realidade na ação" (*O existencialismo é um humanismo*, p. 30).

Nada nos impede, no entanto, de dedicar nossa vida à contemplação ou à meditação. Pois na medida em que a inação é nossa escolha assumida de vida, estamos em ação.

O desespero faz viver!

"Os outros podem fazer aquilo que eu não posso?" Como interpretar tal fórmula? É o reconhecimento que fazemos por nos subestimarmos, pois nos disseram que não chegaríamos a nada? É uma maneira de expressar uma dúvida sobre nossas capacidades e manter uma representação negativa de nós mesmos? Ou seria um modo de nos apoiarmos sobre os outros porque consideramos nossa ação pessoal inútil ou irrisória? O mundo funciona com ou sem nós; então, para que agir? É, sem dúvida, o tipo de discurso que fazemos quando nos resignamos, quando temos a impressão de ser vencidos por grandes conjuntos regulados por mecanismos implacáveis. Assim, por que deveríamos separar nosso lixo, se os danos à natureza são mesmo irreversíveis? Por que nos envolvermos de maneira cidadã na era de uma globalização internacional em que o capitalismo reina absoluto? Há tanto o que fazer, tantas causas a defender, que temos a impressão de agir em vão.

Se pensarmos que não servimos para nada individualmente nos mantendo esperançosos e permanecendo otimistas, nós tendemos a acreditar na ação dos outros para intervir em nosso lugar. Deveríamos, sobretudo, aderir a certa visão da História, crer em um movimento evolutivo guiado por uma lógica interna, crer no homem apontando suas virtudes e sua bondade natural. Em uma palavra, a questão seria ter fé em princípios ou ideias que escapam à nossa razão. Deveríamos, para nos engajarmos, esperar de alguma outra coisa, e não de nós mesmos, a realização de um projeto. Como se espera a vinda de coisas positivas rezando a Deus, assim também poderíamos nos apoiar em elementos irracionais para agir. Impossível! Não podemos crer no homem afirmando que sua natureza o leva à solidariedade e à justiça, pois não existe tal natureza humana. Somos livres, portanto, tudo é possível! Nada nos permite afirmar que o melhor é o que está por vir, mas isso não deve nos impedir de agir. Não há necessidade de um idealismo beato para seguir adiante.

Cabe-nos fazer o que está ao nosso alcance *sem esperar*, no desespero em sentido sartreano, isto é, não contar com nada mais além de nossa vontade para chegar a objetivos concretos:

> Quanto ao desespero, essa expressão tem um sentido extremamente simples. Ela quer dizer que nós só poderemos contar com aquilo que depende de nossa vontade ou com o conjunto das probabilidades que tornam nossa ação possível. Quando se quer alguma coisa, existem sempre elementos prováveis. Se eu estou contando com a vinda de um amigo, esse amigo virá de trem ou de bonde; isso supõe que o trem chegará na hora prevista, ou que o bonde não descarrilará. Ou seja, eu estou entregue ao domínio das possibilidades; mas não se trata de contar com as possibilidades senão na estrita medida em que nossa ação comporta o conjunto desses possíveis. A partir do momento em que as possibilidades que considero não estão rigorosamente engajadas por minha ação, devo desinteressar-me delas, pois Deus algum, desígnio algum poderá adaptar o mundo e seus possíveis à minha vontade. No fundo, quando

Descartes dizia: "Ganhar-se, antes, a si mesmo que ao mundo", queria dizer a mesma coisa: agir sem esperança. [...] Antes de tudo, devo engajar-me, e depois agir de acordo com a antiga fórmula "Não é preciso esperar para começar" (*O existencialismo é um humanismo*, p. 28-30).

O homem que nada faz nada é, e toda ação individual tem um valor e sentido. Conjugada a outras, ela pode ter um impacto real sobre o curso das coisas. Devemos simplesmente aprender a nos desapegar daquilo que não depende de nós, e não brincar de Dons Quixotes, e assim aprender a reunir todas as forças necessárias que nos permitirão nos encarnar livremente.

Ação filosófica

1) Treinamento intensivo: Decida organizar um dia no qual nenhum pensamento seu fique sem ação correspondente. Ficou com vontade de comer *croissants*? Saia para comprá-los! Dar um telefonema, limpar a casa? Faça-os! Não corra; você pode fazer tudo com calma, mas isso lhe permitirá iniciar uma dinâmica graças à qual você unirá o gesto à palavra.

2) Escreva em uma folha três projetos simples que deseja realizar em um mês e classifique-os por ordem de importância. Você pode começar com um simples desejo de ir ao cinema e terminar com uma tarefa chata que precisa ser cumprida, no trabalho ou em sua vida pessoal; por exemplo, falar sobre algo que incomoda a um familiar. Qualquer que seja a questão (filme ruim ou certo distanciamento do parente...), assegure-se de que, de fato, atingiu seus objetivos.

3) Existe um grande projeto que você queira realizar, mas que o preocupa (mudança de orientação profissional, viagem, ruptura ou reencontro)? Decomponha-o em uma sequência de etapas e será fácil de realizá-lo, e comece! Assim, independentemente do tempo que tomará a plena realização de seu projeto, você será plenamente ator de sua vida e seu dia a dia se tornará, sem dúvida, mais colorido.

Definir-se e redefinir-se constantemente

Quando agimos, nós nos confrontamos com o real e conosco mesmos enquanto indivíduos a fazer-se. Não somos ingênuos, sabemos que decidir agir não impedirá que haja surpresas, imprevistos e obstáculos. Mas longe de constituir dificuldades insuperáveis, esses obstáculos podem despertar nosso espírito inventivo, afiar nossa imaginação. E se não existe liberdade sem imprevisibilidade, é de nossa capacidade de transformar os acontecimentos que dependerá a realização de nossa vida futura. Pois de obstáculos podem nascer projetos, um engajamento que nos convida ao que Sartre denomina conversão, uma mudança de vida, experiência feita pelo próprio filósofo durante a Segunda Guerra Mundial.

A mecânica do hábito

Vimos que é importante ter vontade de agir, definir objetivos para que nossa existência se abra a novas possibilidades. Mas, será que estamos plenamente satisfeitos com nossa sorte?

Quem sabe achemos que "tudo vai da melhor forma no melhor dos mundos possíveis". Afinal, podemos gostar do nosso cotidiano, saborear o conforto e a segurança que nossos hábitos nos proporcionam. Gostar de fazer o mesmo trajeto de ônibus todas as manhãs para ir trabalhar, curtir os piqueniques em família que fazemos todo fim de semana. Desse modo, por que é que nossa ação não consistiria em renovar as mesmas coisas, reproduzindo as mesmas atitudes? No fim das contas, somos livres!

Em *A náusea*, Sartre representa Roquentin, o personagem principal que observa a vida ordinária dos habitantes de sua cidade, uma vida sem surpresas em que o idêntico se reproduz sem a mínima variação:

> Eles saem dos escritórios ao final de sua jornada de trabalho, olham para as casas e os quarteirões com ar de satisfação, veem-na como sua cidade, uma "bela cidade burguesa". Não sentem medo, sentem-se em casa [...]. São tranquilos, um pouco morosos, pensam no Amanhã, quer dizer, em um novo dia; as cidades dispõem de uma única jornada que recomeça idêntica a cada manhã (*La nausée*, p. 223).

Nessas poucas linhas, Sartre descreve o automatismo de uma vida em que o movimento não implica a mudança, onde a própria intenção se esfuma para assemelhar-se ao reflexo.

Mas podemos realmente dizer que estamos agindo quando repetimos as mesmas coisas a cada dia? A ação está presente na infatigável repetição do mesmo? Imaginemos que tenhamos o costume de almoçar todas as quintas-feiras com o mesmo primo no mesmo restaurante e na mesma mesa. Assim, nossa vida corresponde perfeitamente ao que deve ser: almoçar com nosso primo, portanto, não é mais um projeto, nem mesmo o fruto de um desejo. Ora, como vimos, o vazio de nossa consciência provoca faltas em nós e, portanto, provoca desejos, e são esses desejos que nos fazem agir. A partir disso, se esse almoço não é mais nem um projeto e nem um desejo, não é mais tampouco, propriamente falando, uma ação. Com efeito, para Sartre, a ação em sentido estrito supõe uma falta presente sentida em relação a um futuro imaginado e considerado preferível. Ela sugere, portanto, necessariamente uma liberdade decidida a inverter as coisas, a transformá-las.

> Agir é modificar a *figura* do mundo, é dispor de meios com vistas a um fim, é produzir um complexo instrumental e organizado de tal ordem que, por uma série de encadeamentos e conexões, a modificação efetuada em um dos elos acarrete modificações em toda a série e, para finalizar, produza um resultado previsto (*O ser e o nada*, p. 536).

Agir, mesmo quando nem tudo dependa inteiramente de nós

Uma vez decididos a agir em nossa vida, nós esperamos, em via de regra, que as coisas aconteçam sem nenhum obstáculo. Na realidade, porém, deparamo-nos com limites insuperáveis, com repetidas decepções. Às vezes chegamos a ficar encolerizados ou abaixamos os braços, pois temos o sentimento confuso de termos sido traídos, começamos a colocar em dúvida nossa liberdade e já não achamos que tudo seja possível. Contra isso, nada podemos. Não é porque decidimos partir rumo ao fim do mundo que uma greve ou um tornado não irá nos impedir. Está aí uma coisa diante da qual temos que nos resignar: não dominamos todos os acontecimentos. Por essa razão, é preciso distinguir entre dois tipos de liberdade, nos diz Sartre: a de "escolher" e a de "obter".

Se a decisão, a escolha, cabe a nós de maneira absoluta, é impossível, mesmo assim, ter tudo! Podemos escolher seduzir uma pessoa, mas ela pode nos repelir. A realidade sobre a qual agimos, independentemente de nossa consciência, tem suas próprias leis, e ela é essencialmente imprevisível. Ela se apresenta, assim, inevitavelmente como fonte de fracassos, de dificuldades a passar e obstáculos a superar.

Mas, o que sobraria de nossa liberdade se tal realidade não existisse? Se experimentamos nossa liberdade na ação e na possibilidade de mudar as coisas e a nós mesmos, é preciso na verdade ter um mundo que a ponha à prova e não dependa dela! Com efeito, escolher é decidir-se a partir de diversas possibilidades. Mas elas podem subsistir se as privarmos do real que lhes serve de base? Existe ainda liberdade quando pensar e realizar são uma só e mesma coisa?

> Se bastasse conceber para realizar, estaria eu mergulhado em um mundo semelhante ao do sonho, no qual o possível não se distingue de forma alguma do real. Ficaria condenado, então, a ver o mundo se modificar segundo os caprichos das alterações *de* minha consciência, e não poderia praticar, em

relação à minha concepção, a "colocação entre parênteses" e a suspensão de juízo que irão distinguir uma simples ficção de uma escolha real. Aparecendo desde o momento em que é simplesmente concebido, o objeto não seria nem escolhido nem desejado. Abolida a distinção entre o simples *desejo*, a *representação* que posso escolher e a *escolha*, a liberdade desapareceria com ela (*O ser e o nada*, p. 594).

É porque tudo poderia ser outra coisa que podemos ser livres. Alegremo-nos, então, com a presença do mundo, dos imprevistos e dos obstáculos encontrados, pois eles nos garantem a presença de nossa liberdade! E conservemos em mente, ademais, que um obstáculo nunca o é em si mesmo, mas somente o é em relação aos nossos objetivos e diante de nossa motivação:

> Esse rochedo não será um obstáculo se almejo, a qualquer custo, chegar ao alto da montanha; irá me desencorajar, ao contrário, se livremente determinei limites ao meu desejo de fazer a escalada projetada. Assim, o mundo, por coeficientes de adversidade, revela-me a maneira como me atenho aos fins a que me destino, de sorte que jamais posso saber se me fornece informação a seu ou a meu respeito (*O ser e o nada*, p. 601).

Um objeto ou um acontecimento têm, assim, um valor em função do que nós desejamos. Encontrar-se com um velho conhecido na esquina de uma rua é um obstáculo se estamos atrasados para um compromisso urgente, mas é, ao contrário, uma feliz oportunidade se temos à nossa disposição todo o tempo do mundo para bater papo. Nada, portanto, é difícil ou fácil, inconveniente ou vantajoso em si; tudo depende de nosso objetivo e de nós próprios. Ah, sim, tudo é relativo!

Além disso, é às vezes complexo distinguir o que nos acontece enquanto sujeitos atuantes e aquilo que depende da realidade. Diante de um desafio como um concurso, por exemplo, podemos nos perguntar sobre as razões de nosso êxito sem jamais encontrar uma resposta definitiva. Com efeito, podemos sempre nos questionar se as provas eram acessíveis em si ou se pareceram fáceis devido ao nosso empenho e à nossa boa preparação.

Transformar os obstáculos em oportunidades

Lembremos aquele cargo dos nossos sonhos proposto no estrangeiro. Nós sabíamos que nosso cônjuge era contra a ideia, desse modo, tínhamos medo de lhe contar a novidade e de que se tornasse um obstáculo para a realização de nosso objetivo. Mas imaginemos que conseguíssemos encontrar argumentos para convencê-lo... Poderia ser uma oportunidade de muita felicidade? Que grande satisfação seria conseguir chegar ao nosso objetivo por nossa inteligência, nossa força de persuasão!

Por isso é que não devemos nos resignar muito precipitadamente quando os imprevistos regularmente vêm contrariar nossos projetos. "A dificuldade é que dá valor às coisas", afirma Montaigne nos *Ensaios* (2, cap. 15). E ele acrescenta: "Nosso apetite despreza e deixa de lado o que está ao seu alcance para correr atrás do que não está". Com efeito, que motivação poderíamos ter diante daquilo que nos é dado sem esforço? Que mérito teríamos em obter algo sem dedicação? Pois todo o valor do obstáculo reside no fato de que, com a prova que ele nos impõe, faz com que nossas faculdades sejam requeridas: inteligência, imaginação, criatividade e, assim, desenvolve nossa confiança em nós e na realização de nossos desejos.

Ir mais alto, quer dizer, progredir e se aperfeiçoar, exige, portanto, que nos confrontemos com obstáculos sem fugir dos problemas. Toda evolução pessoal tem esse preço. Por outro lado, é inútil bater a cabeça. Se decidirmos firmemente fazer tudo que pudermos para conquistar aquela que acreditamos ser a mulher de nossa vida, persistir depois de cinco recusas não tem sentido. Assim, depois que isso se transformou em uma vã obsessão, nossa resolução se torna ineficaz e absurda. Mas uma porta fechada não exclui outros caminhos, ou mesmo outros destinos. Cabe a nós encontrar livremente um significado ao que nos acontece. Um fracasso sentimental pode ser uma oportunidade de tirar lições sobre as relações entre homens e mulheres, aprender mais sobre nós mesmos, ganhar autonomia e aprender a ouvir melhor. Assim como a perda de um emprego, por dolorosa que seja, pode nos permitir recomeçar, nos lançar a novos riscos, uma ocasião para juntar a coragem e a ambição para fazer nascer uma nova carreira profissional. Uma derrota, portanto, não é uma perda em si, mas uma possível oportunidade para reorientar nossos desejos. Um insucesso carrega consigo mil ocasiões para viver outras coisas e multiplicar as experiências! Como um detonador, impulsiona outras escolhas existenciais.

O tempo da conversão

Lembremo-nos, há elementos contra os quais nossa liberdade nada pode: não escolhemos o lugar em que nascemos, nosso país, ou a época em que vivemos. Também não podemos agir sobre nosso passado, que é, por definição, findado. Assim, como vimos, nossa liberdade só se desdobra em uma situação, um tempo dentro do qual se exprime aquilo que livremente quisemos a partir do que nos era imposto. Momento em que tudo balança.

Geralmente, ficamos em situações dolorosas por muito tempo. Quando não suportamos mais nosso emprego, trata-se do resultado de um longo e lento processo. Quando as primeiras dificuldades aparecem, tentamos, obviamente, acertar as coisas, assumimos o problema como nosso. Mas o tempo passa, nada muda, e a situação se torna mais e mais pesada na medida em que percebemos que estamos em um impasse e que a situação não irá evoluir. Sabemos que podemos largar nosso emprego, mas não se trata de algo simples, considerando a situação econômica. Temos medo do futuro, de eventuais comentários dos nossos parentes próximos: "Como você pôde se demitir com o desemprego de hoje?" Angustiados, nós passamos a deixar as coisas ficarem como estão com frouxidão ou, talvez, má-fé. E depois, de repente, a "gota d'água": é preciso mudar, sentimos perfeitamente que a situação não pode mais continuar e decidimos romper nossas cadeias. E, então, a libertação! Podemos então viver um leve estado de graças nesse momento de instabilidade em que estamos intensamente prontos para passar à ação. A sensação é tão forte que ficamos até com a impressão de que a decisão se impôs a nós. Conscientes da alienação em que nos encontrávamos, decidimos nos projetar irremediavelmente no futuro. Decidimos nos transformar e existir, de fato:

> Recorde-se o *instante* em que o Filoctetes de Gide abandona inclusive seu ódio, seu projeto fundamental, sua razão de ser e seu ser; recorde-se o *instante* em que Raskolnikov[5] decide se denunciar. Esses instantes extraordinários e maravilhosos, nos quais o projeto anterior desmorona no passado à luz de um projeto novo que surge sobre suas ruínas e que apenas ainda se esboça, instantes em que a humilhação, a angústia, a alegria, a esperança, casam-se intimamente, instantes nos quais abandonamos para captar e captamos para abandonar — tais instantes em geral têm podido fornecer a imagem mais clara e mais comovedora de nossa liberdade (*O ser e o nada*, p. 586).

Para Sartre, a conversão se assemelha assim a uma metamorfose, ao menos de maneira parcial. Como na imagem da borboleta que abandona sua crisálida, nós abandonamos o que éramos para viver nossa aspiração, encarnar nossa paixão, suprimir nossa má consciência alimentada pelo temor ou pelo remorso. Converter-se (do latim *conversio*, "mudança de rumo") é transformar livremente sua vida. É ter a coragem de dizer sim a um projeto de uma existência renovada. Digamos novamente, nossas derrotas podem ser sempre oportunidades de um novo começo. Uma repentina iluminação pode nos engajar em uma resolução inesperada. Pode-se dar o grande salto para formar-se e mudar de profissão, para ir viver em outro lugar, ou dizer enfim o sim ao homem ou à mulher que se ama...

Para o nosso filósofo, o momento decisivo da sua conversão rumo à transformação aconteceu durante a Segunda Guerra

---

5 Personagem principal de *Crime e castigo*, de Dostoiévski.

Mundial. Ele tornou-se a partir daí essa figura incontornável de intelectual imerso na vida pública:

> A guerra realmente dividiu minha vida em duas. Ela começou quando eu tinha trinta e quatro anos, e terminou quando eu tinha quarenta, e isso realmente foi a passagem da juventude à idade adulta. Ao mesmo tempo, a guerra me revelou alguns aspectos de mim mesmo e do mundo. Por exemplo, foi lá que eu experimentei a alienação profunda que o cativeiro representa, lá é que eu conheci a relação entre as pessoas, com o inimigo, o inimigo real, não o adversário que vive na mesma sociedade que a sua ou que o ataca verbalmente, mas o inimigo que pode mandar prender você e jogá-lo atrás das grades fazendo um simples gesto a homens armados. Também foi lá que, oprimido, abatido, mas ainda vivo, eu conheci a ordem social, a sociedade democrática, precisamente na medida em que ela era oprimida, destruída e que nós lutávamos para conservar-lhe o valor, esperando que após a guerra ela renascesse. Foi lá, enfim, que eu passei do individualismo puro de antes da guerra ao social, ao socialismo. Essa foi a verdadeira virada de minha vida (*Situations X*, p. 180).

A guerra revela, assim, Sartre a si mesmo, abre-se ali uma via que ele não mais abandonará: a do combate social e político, onde o pensamento filosófico deve se colocar a serviço da ação pública. Cabe, de fato, a cada um de nós entender o momento da mudança e da renovação, de enfim elaborar nosso próprio itinerário de liberdade. Nós devemos isso a nós mesmos, pois ser fiéis a nossos desejos fará de nós homens autênticos e nos permitirá viver serenamente em todo momento e em todo lugar.

Ação filosófica

1) Mude alguns de seus costumes, busque evoluir. Modifique alguma coisa em sua aparência, vá a restaurantes diferentes no fim de semana e a outras baladas! Você verá o quanto uma mudança, por mínima que seja, engendra outras e permite que você se reafirme.

2) Da próxima vez que você encontrar uma dificuldade, tome atitude. Dê tempo a si mesmo, não se deixe desestabilizar, se for preciso escreva, fale com um amigo para examinar a situação e obrigue-se a ver o que é possível tirar de positivo dessa dificuldade.

3) Fique disponível para si mesmo. Pare a corrida do tempo, defina momentos para você, um dia por semana ou por mês, para tomar distância de sua rotina e abrir-se a novas possibilidades. Desenvolvendo esse hábito você estará pronto, e não terá mais receio de aceitar o momento de uma conversão quando ela surgir.

Saborear a alegria da autenticidade

Ao evitarmos o determinismo e estarmos agora conscientes de que somos feitos para o movimento, para a transformação, tornamo-nos atores de nossa vida e, assim, estaremos em condições de repensá-la dos pés à cabeça ou de modificar alguns de seus aspectos.

Mesmo que a liberdade de ter revele a grande disparidade existente entre os indivíduos, nossa liberdade de escolher permanece sempre intacta, inclusive nas condições mais difíceis. Apesar da pressão dos outros e da sociedade, a escolha está sempre lá e temos que assumi-la de acordo com nossa vontade. O objetivo não é que todos nos tornemos heróis; o existencialismo não defende que existir signifique ser aventureiro. Não. O essencial, para Sartre, é que estejamos de acordo conosco mesmos e felizes desse modo. Pois se nossa má-fé geralmente se recobre de amargura, nossa autenticidade na afirmação de nós mesmos é, justamente, fonte de autossatisfação.

Escolher ser autêntico

Esportista de alto nível, no dia em que um acidente nos priva do uso de nossas pernas, nosso mundo desaba. Todos esses anos em treinamento, cuidando do nosso corpo para que tenha o melhor desempenho se reduzem a nada. As portas dos Jogos Olímpicos nos são definitivamente fechadas e o campo de nossas possibilidades nos parece definitivamente encerrado. Nossos amigos pousam os olhos complacentes sobre nossa desgraça e também acreditam que nosso futuro está acabado. Na rua, cada dia, o olhar dos passantes nos empurra um pouco mais para o que vivemos como uma derrota. Podemos ainda negar a realidade. Podemos esperar, mesmo contra a opinião dos médicos, que um dia voltaremos a andar, que pela força de nossa vontade desmentiremos os prognósticos e teremos, como era previsto, uma medalha em alguns anos. Negando assim a realidade, caímos na má-fé, pois mentimos a nós mesmos. Assim agindo, para Sartre, somos inautênticos, pois não levamos em consideração nossa situação.

Ora, vimos que nossa liberdade sempre se exprime em situação. É a partir desse estado impregnado de nosso passado, de nosso presente e do olhar do outro que construímos nosso projeto de vida. Nós não nos definimos pelo fato de estar em uma cadeira de rodas, mas a partir daquilo que projetamos fazer a partir do fato de estarmos em uma cadeira de rodas.

Nesse sentido, "não existem situações privilegiadas", afirma Sartre. Não é porque nossa situação mudou e porque não podemos mais caminhar que o campo de nossas possibilidades deixa de ser infinito. Portanto, para Sartre, ser autêntico é simplesmente estar atento a ter sempre em conta nossa liberdade:

> A autenticidade, obviamente, consiste em tomar uma consciência lúcida e verídica da situação, e assumir as responsabilidades e os riscos que tal situação comporta, e reivindicá-la na altivez ou na humilhação, às vezes no horror e no ódio (*Réflexions sur la question juive*, p. 97).

A autenticidade é, desse modo, a única atitude admissível que devemos adotar em relação a nós mesmos. Ser autênticos é aceitar conscientemente o paradoxo da existência humana: nós somos sempre o que não somos e não somos o que somos. Quer dizer, somos livres e, mesmo se os outros nos reduzem ao "estatuto" de portadores de deficiência, nós devemos estar conscientes de que não somos *essa* pessoa portadora de deficiência:

O importante não é o que fazem de nós, mas o que nós fazemos conosco mesmos a partir daquilo que fazem de nós (*Saint Genet, comédien et martyr*, p. 85).

Somos, portanto, aquilo que projetamos ser nessa situação de portadores de deficiência, que é apenas um dado entre muitos outros. Obviamente, nada poderá nos impedir de visar um ideal, a pessoa perfeita que sonhamos ser, isso é mais forte do que nós. Sartre tem consciência disso, mas também nos pede que sejamos realistas. Pede-nos que sejamos autênticos nos adaptando constantemente, estando em contínuo movimento, evitando colocar barreiras a nós próprios sob o pretexto de que houve algum acontecimento imprevisto.

Viver sua autenticidade

Ser autêntico consigo mesmo, portanto, não é algo que se adquire, alguma coisa que se decide de uma vez por todas e pronto. É engajamento que se renova na ação, um esforço permanente para fugir da má-fé, nunca mentir para si mesmo e ser, desse jeito, fiel a si.

Antes de nosso hipotético acidente, os valores da autossuperação, do gosto pelo esforço animavam sem dúvida nossa vida e faziam com que tivéssemos orgulho de nós mesmos. Por que, hoje numa cadeira de rodas, esses valores deveriam mudar?

Claro, não podemos mais correr, saltar, não podemos mais fazer aquilo que fazíamos antes. Mas, sim – e há inúmeros exemplos –, podemos adaptar nossa carreira à nossa condição praticando esqui aparelhado, e assim perpetuar nosso gosto pelo esforço e nos superar. Somos, portanto, autênticos porque respeitamos nossos valores. Somos inautênticos se pensamos que esses valores só podem se exprimir sobre duas pernas... E se as portas dos Jogos Olímpicos estão fechadas para nós, as dos Jogos Paraolímpicos, por sua vez, estão-nos totalmente abertas. Assim, nós não perdemos a autoestima, que é fundamental para nossa felicidade.

Evidentemente, podemos também reorientar nossa carreira, já que nossos valores não são limitados a um espaço determinado. Cada um de nós, tendo ou não uma profissão, pode encarnar a ideia de querer sempre aperfeiçoar-se no que faz. Ser autêntico pode significar assumir riscos em função de uma época. Assim, se nascemos negros na África do Sul na época do *apartheid*, nem por isso escolhemos ser oprimidos pelos brancos. Mesmo assim, cabe-nos uma liberdade inalienável, aquela pela qual nos conformamos ou não ao estereótipo a que nos remetem. Podemos escolher entre ser provocadores, revoltados, ou mesmo preferir a morte à submissão. Ou aderimos ao que esperam de nós, ou resistimos, por nosso discurso e nossas ações, ao clichê que nos é reservado para superá-lo. A questão é a satisfação de uma liberdade que se reivindica nos fatos contra toda passividade, o orgulho na aceitação de um conflito como reivindicação de "ser livre para" aquilo que se decidiu diante do outro. Isto, mesmo que tenhamos que pagar o preço, mesmo que os sofrimentos e as humilhações se acumulem.

Lembremo-nos da luta de Rosa Parks, que se recusou a liberar seu assento para um homem branco no ônibus como todos os negros de sua época eram obrigados a fazer. Se a sociedade e os outros se impõem por meio de preconceitos, de medidas políticas injustas e discriminatórias, apenas nós dispomos de nós mesmos em função de nossa liberdade.

> Na verdade, a raça, a enfermidade, a feiura só podem *aparecer* nos limites de minha própria escolha da inferioridade ou do orgulho; em outras palavras, só podem aparecer com uma significação que minha liberdade lhes confere; quer dizer, mais uma vez, que tais significações *são* para o Outro, mas que só podem ser para mim caso eu as *escolha*. [...] Um judeu não é *primeiro* judeu para ser envergonhado ou orgulhoso *depois*; mas é seu orgulho de ser judeu, sua vergonha ou sua indiferença que irá revelar a si mesmo seu ser-judeu; e este ser-judeu nada é além da livre maneira de assumi-lo (*O ser e o nada*, p. 648).

Estar à altura de seus valores

O ser autêntico reivindica sua liberdade para estar em harmonia consigo mesmo. Devemos ousar dar um passo adiante e livrar nossa existência daquilo que a atravanca: azedume e má consciência. Com efeito, como podemos pretender usufruir de satisfação pessoal, de um orgulho pessoal legítimo, se traímos constantemente nossos projetos? Devemos, por conseguinte, tanto quanto nossa situação o permitir, viver em conformidade com nossos valores e colocá-los em prática.

Assim, por que não escolher a paixão e o risco do adultério, em desprezo à moral e às convenções, se vemos nisso um modo de viver uma aventura contra a morosidade de nossa vida cotidiana? Por que, por outro lado, não escolher o sacrifício da paixão amorosa, continuar a amar secretamente em nome do respeito absoluto ao nosso cônjuge: o primeiro caso faz referência a Sanseverina em *A cartucha de Parma*, de Stendhal; o segundo a Maggie Tulliver em *The Mill on the Floss*, de George Eliot, dois exemplos citados por Sartre em *O existencialismo é um humanismo*. Formalmente opostas, as duas decisões, no entanto, se encontram: as duas mulheres agem em sua alma e consciência de acordo com seus princípios, para além do medo e de álibis de qualquer tipo.

> Aqui estamos diante de dois tipos de moral rigorosamente opostos; no entanto, quero demonstrar que eles são equivalentes: em ambos os casos, o que está posto como meta é a liberdade. E vocês podem imaginar duas atitudes rigorosamente parecidas quanto aos efeitos: uma das jovens, por resignação, prefere renunciar a um amor, e a outra, por apetite sexual, prefere ignorar os vínculos anteriores do homem que ela ama. Essas duas atitudes são, aparentemente, parecidas com o que acabamos de descrever. Mas são, contudo, inteiramente diferentes; a atitude de La Sanseverina está muito mais próxima daquela de Maggie Tulliver do que de uma indiferente avidez (*O existencialismo é um humanismo*, p. 58).

Ser autêntico é adotar valores e adaptá-los com singularidade sob a forma de ações reivindicadas. É também aprender a saborear o prazer de estar de acordo consigo mesmo, a satisfação de uma objetivação livre de seus desejos sob o olhar dos outros, suscitando seu reconhecimento e até sua admiração.

Regozijar-se na aventura

Cabe a cada um de nós tentar a aventura de uma liberdade conquistada contra uma vida padrão. Podemos nos criar experimentando nosso livre-arbítrio contra toda má-fé. A autenticidade, para cada um de nós, reside em uma consciência viva e lúcida das circunstâncias de nossa situação, de nossa liberdade e de nosso desejo de fazer alguma coisa. Ela é uma clarividência sobre nós próprios aliada à vontade firme de aproveitá-la, de explorá-la por meio de atos no presente. Ela se traduz em reviravoltas mais ou menos radicais que partem de uma franqueza, uma honestidade em relação a nós mesmos. Pode se relacionar com o fato de converter-se, mesmo que uma conversão possa ser inautêntica.

Com efeito, podemos mudar radicalmente, "apesar de nós", comodismo e complacência, por vontade de agradar e seduzir. Tampouco há necessidade de multiplicar o tempo todo as experiências de vida para ser autêntico. A alegria da autoafirmação, de uma liberdade em ato, não se vive necessariamente em uma sucessão desenfreada de "aventuras", colecionadas como troféus, de que temos orgulho de expor (mulheres, amantes, episódios insólitos e inebriantes).

Gostar de aventura não equivale a fazer papel de aventureiros para se glorificar de uma vida diversificada! Nada mais superficial do que isso! Roquentin, em *A náusea*, observa:

> Eu não tive aventuras. Aconteceram-me histórias, fatos, incidentes, o que quiser. Mas não aventuras. Não se trata de um jogo de palavras; começo a entender, há algo a que eu me apegava mais do que a todo o resto – sem dar-me conta disso muito bem. Não era o amor, meu Deus, nem a glória, nem a riqueza. Era... Enfim, eu havia imaginado que em determinados momentos minha vida pudesse assumir uma qualidade rara e preciosa. Não precisava haver circunstâncias extraordi-

nárias e preciosas: eu pedia tão-somente um pouco de rigor (*La nausée*, p. 61).

A aventura nasce da autenticidade em si, de uma liberdade reconhecida; ela tem a ver com sentimentos e pode ser experimentada na simplicidade mais extrema. É encontrada no "despojamento" que permite uma atenção mais intensa ao mundo. Surge de uma transformação de nossa relação com a realidade em vista de uma percepção mais viva da contingência, da singularidade dos seres e das coisas. Ela depende de um trabalho realizado sobre si mesmo, ao alcance de cada um de nós: com efeito, podemos sempre nos treinar a saborear o tempo presente para nos sentirmos como em suspensão perante aquilo que nos é apresentado. A verdadeira aventura, então, está talvez nessa apreensão renovada do mundo, na leveza e no inebriamento de uma inocência redescoberta. Trata-se de nos tornarmos disponíveis ao momento presente, de disciplinar nossa consciência para libertá-la do passado e do futuro, de libertá-la da armadilha das palavras, das etiquetas redutoras que colocamos sobre as coisas por razões práticas, funcionais. Trata-se de "recompor" a realidade, de fazê-la reviver de acordo com nossas impressões e de nossa imaginação. Trata-se de atentar para o que é puramente transitório, sempre novo e imprevisível. Uma alegria extraordinária pode nascer das experiências mais banais! É ao sentimento de aventura a que nos convida o personagem principal de *A náusea*:

> Alguma coisa começa para terminar: a aventura não deixa prolongar; só tem sentido por conta de sua morte. Para essa morte, que será, talvez, também a minha, sou inelutavelmente treinado. Cada instante só chega para trazer outros atrás de si. Apego-me a cada instante com todo o meu coração: sei que é único, insubstituível – e no entanto não faria um gesto para impedi-lo de aniquilar-se. Esse último minuto que passo – em Berlim, em Londres – nos braços desta mulher que conheci anteontem – minuto que amo apaixonadamente, mulher que estou perto de amar – vai terminar, eu sei. Em breve eu partirei para outro país. Não voltarei jamais a encontrar esta mulher, nem esta noite. Debruço-me sobre cada segundo, pro-

curo esgotá-lo; nada se passa sem que eu capte, sem que eu fixe para sempre em mim, nada, nem a ternura fugidia desses belos olhos, nem os ruídos da rua, nem a claridade incerta do amanhecer: e, no entanto, o minuto se escorre e não o retenho, gosto que passe (La nausée, p. 62).

O sentimento de aventura nasce da contingência, da afirmação alegre de que nada é necessário, que tudo pode ser de outra forma. Faz eco à nossa existência e nos intima a justificá-la sob a forma de realizações concretas. Tudo é gratuito, o mundo não tem sentido. Cabe a nós, contudo, dar-lhe um, descobrindo como viver a vida em relação estreita com os outros.

Ação filosófica

1) Procure escrever as imagens negativas de si mesmo que lhe foram impostas pelas pessoas de sua convivência cotidiana, em casa ou no trabalho. Refletir sobre isso permitirá que você imediatamente reaja à situação da melhor forma, na próxima vez. Não tenha medo de aceitar o desafio, pois você deve sempre lembrar-se de que toda reação traduz não a pessoa que você é, mas o homem ou a mulher que você *quer* ser.

2) Nos próximos dias ou nas próximas semanas tente dizer sistematicamente sim ao que você quer. Afirme seus desejos, escolha novas regras de vida, liberte-se testando seu poder de sedução, sua autonomia para fazer sozinho(a) certos trajetos, lançando-se em novas formas de distração (esportivas, artísticas). Treine-se para afirmar suas decisões e sua responsabilidade, seja "autêntico" reivindicando escolhas que constroem sua personalidade e sua existência.

3) Na próxima vez que se sentir submerso pelas preocupações, parta para uma aventura fazendo... "nada"! No terraço de um café, observando seus familiares em casa, diante de uma paisagem, aprenda a deixar-se invadir pela espontaneidade do que acontece sob seus olhos, viva plenamente o instante e sua incessante renovação, com toda liberdade, em toda inocência. Você verá então, contra o peso do dia a dia, que pode existir uma "aventura do presente".

IV

Uma visão
do
sentido
da
existência

Um ateísmo dinâmico

Nós estamos desamparados, e então?

Nós somos confrontados com o absurdo de nossa existência, com o enigma fundamental de estarmos no mundo. Não há explicação convincente, nenhum sentido pode ser dado à vida a partir de referências morais predefinidas. Cada um de nós encontra-se desamparado e constata a absoluta contingência de sua situação. Devemos, por isso, condenar a vida, mergulhar no pessimismo, relativizar o bem e o mal afirmando que tudo é permitido? Ou, pelo contrário, com Sartre, preferir o otimismo de uma existência livre a ser construída com os outros?

Religião e conjectura

Podemos nos apoiar em crenças, em verdades reveladas, portanto, não racionais, para dar um sentido à nossa existência. Quando nos remetemos a Deus, por exemplo, nós damos um significado ao mundo, à nossa própria vida; compreendemos que ela não é um fim em si mesma, já que se estende para além da morte. Ter fé, desse modo, é encontrar respostas a questões maiores, um apoio metafísico e moral em um dogma que dá estrutura e segurança: Como devemos nos comportar em relação ao outro? O que são o bem e o mal? Podemos manter viva a esperança apesar dos sofrimentos e das dificuldades da vida?

O monoteísmo nos salva do absurdo fornecendo-nos princípios e referências que nos poupam do pesado sentimento do vazio e do não-sentido. Para a religião, existir é responder a uma essência universal, "percorrer o caminho" evitando transpor alguns limites definidos, descritos de forma clara – esse é o preço da eternidade. Assim, a vida é justificada, regulamentada e oferece razões para ter esperança. Apesar das provações, ela sempre tem algo de maravilhoso a revelar; para isso, basta contemplar o mundo em sua complexidade e sua infinita diversidade. Ao nos atribuir uma natureza comum a todos, a religião permite também entrever um vínculo real e profundo entre as pessoas, feito de fraternidade e de compaixão. Em uma palavra, ela exclui o sentimento de abandono e o pessimismo. Ao contrário da filosofia sartreana que foi, como vimos, acusada pelos cristãos de traçar um quadro sombrio e desesperado da humanidade:

> [...] acusaram-nos de acentuar a ignomínia humana, de expor aos quatro ventos o sórdido, o suspeito, o viscoso, e de negligenciar certas coisas belas, alegres, o lado luminoso da natureza humana; por exemplo, segundo a senhorita Mercier, crítica católica, teríamos esquecido o sorriso da criança (*O existencialismo é um humanismo*, p. 19).

Ateísmo e contingência

Para Sartre, não há nenhuma ambiguidade: Deus não existe, a religião é apenas uma invenção. Clara, em si, a afirmação não tem nada de original e se apresenta como a conclusão histórica de séculos nutridos de dúvidas e de desconfiança. Bem antes do existencialismo ateu, tudo o que diz respeito ao religioso desperta oposições e críticas sem trégua. Testemunhas disso são, um século antes de nosso filósofo, as afirmações veementes de Nietzsche, para quem "Deus morreu". Ainda era preciso que a humanidade estivesse pronta para aceitar aquele anúncio! Pois novas crenças, profanas estas, deviam substituir-se às antigas acentuando a decadência niilista[6], segundo o pensador alemão.

---

6 O niilismo é uma concepção, segundo a qual o mundo e a existência humana são desprovidos de todo sentido, objetivo, verdade e valores.

106

Se Deus não existe, nós não sabemos por que estamos no mundo. Somos livres, mas como que "lançados" na vida, afirma Heidegger, outro filósofo alemão de quem Sartre toma emprestado o conceito de "desamparo". Desamparados, nós vivemos sem poder nos reportar a valores *a priori* universais e absolutos. O verdadeiro e o falso, o bem e o mal? Deus não está mais aí para defini-los, resta a cada um decidir por si.

Estar desamparado é, assim, ser incapaz de dar uma razão aos seres e às coisas, é reconhecer o absurdo do mundo. Como então não nos sentirmos abandonados e sós, uma vez que nossa existência traz a marca da contingência? Se a vida não tem sentido, nós não servimos para nada, nada é necessário, tudo poderia não ser! Desse modo, o personagem principal de *A náusea*, quando se observa e olha ao seu redor, acha que tudo é "demais". Essa tomada de consciência da vacuidade do mundo e da existência lhe dá vertigem e assume a forma de uma revelação quase mística:

> O essencial é a contingência. Quero dizer que, por definição, a existência não é a necessidade. Existir é estar aí, simplesmente. Os que existem aparecem, se deixam encontrar, mas não se pode deduzi-los. Há pessoas, acho, que entenderam isso. Somente elas tentaram superar essa contingência inventando um ser necessário e causa de si. Ora, nenhum ser necessário pode explicar a existência: a contingência não é um fantasma, uma aparência que se pode dissipar; é o absoluto, portanto, a gratuidade perfeita. Tudo é gratuito, esse jardim, essa cidade e eu mesmo. Quando nos damos conta disso, tudo vira do avesso e fica suspenso, como outra noite, no *rendez-vous des cheminots*: eis aí a náusea (*La nausée*, p. 187).

Cada um com sua moral

Se tudo é gratuito, se a existência é uma certeza que nenhum princípio transcendente ou imanente pode justificar, então as regras que dirigem nossa maneira de pensar e de viver são produções estritamente humanas. O homem, ao longo dos séculos, inventou normas que visavam regulamentar a vida individual e a vida comum. Inventou também fundamentos sem os quais essas normas não seriam aceitas e seguidas (por exemplo, Deus). Mas se tudo é humano, então tudo varia conforme os lugares e as épocas. A História, ademais, dá mostras disso. Nada é absoluto, tudo é relativo, as representações de justiça e de injustiça, de beleza e feiura são estritamente convencionais e, portanto, mutáveis. O que há em comum, por exemplo, no que diz respeito ao bem e ao mal, entre os discursos de um grego atual e o de seu ancestral do tempo de Péricles? Não passaria sequer pela mente de um cidadão grego de hoje excluir a mulher do sistema democrático, ao passo que seu ancestral achava isso perfeitamente natural.

Devemos respeitar os outros sem exceções? Somos obrigados a ser generosos? Matar não é, algumas vezes, necessário ou recomendável? As respostas a essas questões são diferentes conforme os períodos e as culturas. Quer dizer que a moral é uma questão de educação e de costumes. Ela não é intocável – longe disso – para quem sabe olhar à distância e compreender todas as consequências da ausência de um legislador supremo. No fundo, para Sartre, mesmo que a ideia incomode, "tudo é permitido". Os valores não são preexistentes a nós, a cada um sua moral; apenas nós devemos decidir sobre aquilo que fazemos, o que definirá também aquilo que somos:

> O existencialista, ao contrário, vê como extremamente incômodo o fato de Deus não existir, pois com ele desaparece toda possibilidade de encontrar valores em um céu inteligível; não é mais possível existir bem algum *a priori*, uma vez que não existe mais uma consciência infinita e perfeita para concebê-lo; não está escrito em lugar algum que o bem existe, que é preciso ser honesto, que não se deve mentir, pois estamos exatamente em um plano onde há somente homens. Dostoiévsky escrevera: "Se Deus não existisse tudo seria permitido". É este o ponto de partida do existencialismo. Com efeito, tudo é permitido se Deus não existe e, consequentemente, o homem encontra-se desamparado, pois não acha nem dentro nem fora de si mesmo uma possibilidade de agarrar-se a algo (*O existencialismo é um humanismo*, p. 32).

Sozinhos, mas otimistas!

Estamos sós no mundo, nada tem sentido... A filosofia existencialista seria, então, pessimista? Tratar-se-ia de uma corrente ávida por descrições negativas da humanidade? É um pensamento que confronta irremediavelmente o indivíduo a um absurdo que favorece a total imoralidade? Concluir dessa forma seria desconhecer as ideias de Sartre. Com efeito, se Deus não existe, se a existência precede a essência, isso significa que nós somos apenas o conjunto de nossas ações. Significa também que a liberdade tem a primazia, que os álibis deterministas estão excluídos e que podemos nos construir na situação de acordo com nossa vontade. Há sempre margem de jogo, ninguém está condenado a um defeito ou a um vício a partir de elementos adquiridos ou inatos. O que há de mais otimista do que isso?

> Nessas condições, aquilo por que nos criticam não é, no fundo, nosso pessimismo, mas uma dureza otimista (*O existencialismo é um humanismo*, p. 53).

O existencialista não é pessimista, mas devemos reconhecer que ele é exigente. Com efeito, ele não admite escusas, impõe-nos que tenhamos a coragem de assumir inteiramente nossa liberdade e o que fazemos dela. Devemos ser habitados pela intenção de inventar nossa vida em um mundo que não tem sentido, como devemos querer inventar nossa moral. Se estamos desamparados, é porque não podemos aplicar literalmente regras morais universais extraídas da religião ou da filosofia. Na verdade, resta sempre uma distância entre a teoria e a prática, entre os belos princípios e o que podemos fazer com eles.

Escolher seus valores sem esquecer o outro

Em *O existencialismo é um humanismo*, Sartre destaca os limites das morais clássicas preconstituídas, como os Dez Mandamentos. Ele evoca o caso de um aluno que veio lhe pedir conselho durante a guerra. O jovem vivia com sua mãe, seus pais eram separados; seu pai era colaborador e seu irmão militar foi morto pelos alemães. O que ele devia fazer? Engajar-se na Resistência para vingar seu irmão ou continuar morando com sua mãe, poupá-la evitando ser também ele morto em combate? A moral cristã preconiza amar o seu próximo, mas, nesse caso, a quem o jovem deve amar como seu próximo? Sua mãe ou o combatente? O utilitarismo moral exige agir em função do maior bem possível. Mas o aluno de Sartre é mais útil dando apoio a uma ação coletiva, motivada por uma luta política, mas duvidosa quanto aos seus resultados? Ou ele seria mais útil dando suporte à sua mãe, quer dizer, fazendo uma ação concreta com resultados seguros?

As morais do respeito ao outro das grandes religiões monoteístas ou das morais filosóficas ordenam ao jovem fazer uma coisa *e* outra. Não se deve jamais encarar o outro como um *meio*, mas sempre como um *fim*. Mas como resolver isso? Se ele privilegia sua mãe e utiliza os resistentes como meios, ele colherá em breve os benefícios da coragem deles, de sua dedicação; se ele assume o objetivo de unir-se aos seus companheiros de luta, ele abandona sua mãe. Como sair de tal dilema? Como escapar da angústia, dos problemas de consciência decorrentes de tais situações? É evidentemente impossível e a resposta de Sartre a seu aluno é inequívoca:

> Você é livre, escolha, ou seja, invente. Nenhuma regra de uma moral genérica pode indicar o que devemos fazer (*O existencialismo é um humanismo*, p. 38).

Nós devemos criar a cada instante nossa própria moral, preferir em cada instante uma decisão a outra. Para o aluno de Sartre isso significa renunciar à sua mãe em prol de seu irmão, ou o contrário; significará para nós renunciar ao amor em vez de correr o risco de sofrê-lo; ou ir até o fim de uma paixão amorosa sem jamais recuar. Mas dificilmente poderemos prever nossas escolhas e reações com antecedência. Igualmente é difícil manter sempre presente a liberdade como princípio supremo, para si mesmo e para os outros, essa liberdade sem a qual não podemos condenar o imoralismo e a barbárie, definindo entre nós um acordo sobre

110

valores comuns. Na realidade, nem tudo é permitido! Com Sartre, o humanismo não morreu, mas é, ao contrário, uma tarefa de todos. Existe sim uma moral sartreana que se preocupa com o outro, como veremos em nosso último capítulo.

> No entanto, se eu suprimi o Bom Deus, alguém tem que criar os valores. Temos que encarar as coisas como elas são. E, além disso, dizer que nós determinamos os valores não significa outra coisa senão que a vida não tem sentido, *a priori*. Antes de começarmos a viver, a vida, em si, não é nada, mas nos cabe dar-lhe sentido, e o valor da vida não é outra coisa senão este sentido que escolhemos. Com isso vocês percebem que existe possibilidade de criarmos uma comunidade humana (*O existencialismo é um humanismo*, p. 58-59).

Desamparados, nós criamos nossos próprios valores e construímos nossa vida sem ter condições de aplicar regras morais abstratas. Confrontados com escolhas capitais, devemos compor com um estado: a angústia, uma sensação que, como vamos ver, caracteriza mais amplamente nossa condição de homens livres que decidem por si mesmos e pelos outros.

Questões vitais

1) Você sente necessidade de referir-se a uma religião, a crenças ou a um sistema para justificar e entender sua existência, ou você é capaz de suportar a ausência de explicações, de reconhecer o enigma de sua presença no mundo, de se dispensar de todo julgamento negativo para aceitar a vida em toda a sua complexidade?

2) O fato de estar "desamparado", imerso em um mundo absurdo, o apavora? A experiência da contingência, da gratuidade de todas as coisas lhe provoca, como a Roquentin, a "náusea"? Você compreende de que maneira uma ideia assim poderia provocar uma forma de vertigem, um mal-estar? Compreende também de que modo ela nos afasta de qualquer essência, desvela nossa liberdade e nos impele a nos criar por nossos atos? Você está pronto a justificar sua vida por aquilo que você fará dela?

3) Você pode admitir a ausência de uma moral universal? Se fosse colocar em prática a ideia de que cada um de nós cria as próprias definições do que é bem e o que é mal, quais seriam as consequências para você e para os outros?

4) Recorde-se de momentos difíceis, situações delicadas para administrar no plano moral. Pense em um dilema muito difícil no qual estava em questão o apoio fornecido, a ajuda dada a uma *ou* outra pessoa de seu entorno, sua família ou seus amigos. Em que os seus princípios morais o ajudaram? Tratava-se de aplicar regras morais determinadas para resolver seu problema, ou na verdade você teve que *inventar* sua própria moral? Criar sua moral, para você, é uma obrigação a mais ou a agradável aceitação de uma modalidade de sua liberdade?

Elogio da angústia

Pode parecer surpreendente fazer o elogio da angústia, quando ela representa, para muitos de nós, algo a temer, lamentar ou evitar. Devemos, no entanto, considerá-la em sua natureza e em seus efeitos. A angústia é inevitável, porque ela é ligada à nossa condição. É compreensível que queiramos nos afastar dela, ou suprimi-la, superá-la por meio de crenças ou de procedimentos diversos, mas é impossível evitá-la. O abandono e a contingência dos acontecimentos não estão aí para nos tranquilizar, mas muito ao contrário... Entretanto, somos livres e responsáveis! Embora todos a experimentemos de maneira diferente de acordo com o que somos e a fase de nossa vida, a angústia é o preço que cada um deve pagar para obter a dignidade de uma existência que se decide fora de toda essência. Ela também é a fase inevitável que precede a ação na aceitação do real, ela acompanha necessariamente a materialização de nossas escolhas muitas vezes difíceis: devemos, por exemplo, aceitar novas incumbências profissionais em detrimento do tempo consagrado à nossa família? Essas escolhas são fundamentais, porque nos engajam enquanto indivíduos e, também, de certo modo, porque envolvem os outros em seu conjunto.

Não ter mais medo?

"Um a cada dois jovens se angustia por seu futuro" "O desemprego: primeira angústia dos franceses" "A fobia do trabalho"... Pesquisas e estatísticas são regularmente publicadas para medir um sentimento de angústia cada vez mais presente e mal vivido. Na verdade, fala-se mais de estresse, de uma febrilidade cujas causas são diversas. Existe o estresse do trabalho, o estresse relacionado aos problemas de saúde ou de dinheiro, sem esquecer todas as labutas da vida diária, quer se trate das tensões do relacionamento de casal, ou da relação com os filhos etc. A lista não é exaustiva, mas sabemos que o estresse é múltiplo e atinge a um número crescente de pessoas.

De fato, o estresse em si mesmo é uma reação normal, e até desejável diante de uma situação importante, crucial ou mesmo vital, pois ele nos permite monopolizar eficazmente nossas aptidões e nossas faculdades. Se um dia nos encontrarmos, por exemplo, rodeados de torcedores de um time rival no estádio em que acontece uma partida importante, isso colocará em alerta nossa atenção e nossa capacidade de reação! O estresse, porém, se transforma em problema quando se torna permanente, quando nos impede de viver normalmente.

No dia a dia, tememos o imprevisível, vivemos verdadeiras crises de angústia, de ataques de pânico que nos fazem perder o chão. Não temos mais ousadia, não saímos mais, o futuro se torna uma fonte inesgotável de desconforto e de inquietude. A partir daí, a ausência de estresse e de angústia passa a se apresentar como uma promessa de possível recomeço. Em uma sociedade como a nossa, em que o bem-estar reina como senhor absoluto, a angústia é uma falha, um sinal de fraqueza que é preciso dissimular a qualquer custo. Daí o sucesso de terapias que propõem eliminá-la. Psiquiatria e psicotrópicos, psicoterapias cognitivas, yoga, aromaterapia e técnicas diversas de relaxamento conhecem crescente procura, tamanha é a demanda e em todos os contextos. Entre nós, raros são aqueles que escapam da angústia, passageira ou crônica, e raros são aqueles que não procuram meios de eliminá-la para viver melhor.

A angústia nos pertence

Nós todos somos, assim, mais ou menos ansiosos, segundo nosso temperamento ou de acordo com os momentos de nossa vida. Mas, quer ela seja leve ou intensa, a angústia sempre representa um incômodo, inclusive um veneno que queremos eliminar. Ela desestabiliza nosso pensamento, freia nosso elã, desorganiza nossas ações; queremos excluí-la para reencontrar tranquilidade e efetividade, aspiramos a um ideal de pessoa serena a quem nada perturbe.

Não estamos percorrendo um caminho equivocado? Precisamos mesmo almejar uma vida sem nenhum resquício de angústia? Isto é, de fato, possível? Ir ao encontro da angústia não é ir ao encontro do próprio ser humano e de um estado inerente à sua existência. Pois, como vimos, a vida em si mesma não tem sentido. Viver, portanto, é confrontar-se com o absurdo. Experimentamos assim, naturalmente, um mal-estar, uma tensão interior, uma angústia existencial que tentamos eludir por meio de diversão. Em sentido pascaliano, isso significa agitar-se, ocupar-se, fixar objetivos constantes para escapar do "tédio", da opressão do não-sentido, da "miséria de nossa condição". É um fato, a existência humana é impregnada de contingência e de não-ser: Por que existe alguma coisa em vez do nada? Como resolver esse enigma?

Um enigma igualmente ligado ao futuro, ao seu caráter imprevisível. Tudo pode acontecer, inclusive o pior! Assim, acontece-nos, quando nos sentimos perfeitamente bem, que isso não é possível, que alguma coisa de negativo acabe acontecendo. A ameaça subjacente, portanto, está sempre presente. Se o futuro estivesse perfeitamente definido, se tudo estivesse escrito, o medo surgiria diante daquilo que é inelutável e conhecido. Finalmente, nós saberíamos a que nos agarrar, tudo seria bem mais simples! Poderíamos identificar integralmente as relações entre os fenômenos e garantir as escolhas certas para as melhores consequências! Mas o futuro é incerto, a própria morte pode surgir a qualquer instante para nos levar ou nos privar daqueles que amamos. Significa dizer que somos atormentados pela dúvida e pela angústia do nada.

Para encobrir essa angústia, todas as culturas por meio de relatos, mitos, crenças, tentaram dar conta do mistério da existência, de entender seu objetivo voltando-se para Deus, para entidades invisíveis e forças espirituais. Elas instauraram diversas práticas a fim de conjurar as sortes, as catástrofes, as doenças, e para atrair os favores do céu. Em cada caso, trata-se de tentar dar conta de algo que escapa à razão, tentar prever para melhor se antecipar. As ciências empíricas (física, astronomia etc.) têm sua maneira de chegar a isso. Mas de modo, em suma, limitado, pois o ser humano permanece, essencialmente, mergulhado no hipotético e no incerto. De fato, após séculos de evolução científica e técnica, a conclusão é a mesma: o homem é sempre sensível àquilo que aplaca sua angústia, inclusive a ponto de lançar-se no irracional mais absurdo. Uma prova? A astrologia e os videntes nunca fizeram tanto sucesso! Mesmo o progresso se mistura a isso, pois agora um simples SMS basta para sabermos se o amor ou a riqueza nos estão destinados! Uma evidência: a angústia continua porque ela acompanha nosso desamparo:

> É assim, precisamente, que o para-si se apreende na angústia, ou seja, como um ser que não é fundamento de seu ser, nem do ser do outro, nem dos em-si que formam o mundo, mas que é coagido a determinar o sentido do ser, nele e por toda parte fora dele (*O ser e o nada*, p. 681).

Nem liberdade nem responsabilidade na angústia

"Coação do sentido do ser", afirma Sartre na citação precedente? Certamente, mas sob influência, pois o valor que atribuímos às coisas ou aos seres, nossas preferências, nossos desejos, nossas escolhas e seus efeitos não dependem de nós, pois tudo isso tem a ver mais com o determinismo ou a necessidade. Nessas condições, a angústia perde sua intensidade, nós chegamos a pensar que estamos isentos dela!

Se raciocinarmos desse modo, livrando-nos de nosso livre-arbítrio, afirmando que estamos aí por nada, que tudo se explica por uma ordem que nos transcende, não teremos, com efeito, nenhuma razão para ser atormentados! Sempre poderemos inscrever nossa vida em um vasto conjunto para negar nossa responsabilidade! Podemos, absolutamente, obedecer sem refletir para nos poupar das dúvidas e das hesitações próprias a toda deliberação difícil.

Um exemplo ilustrativo? Adolf Eichmann durante a Segunda Guerra Mundial. Encarregado por Hitler da Solução Final, ele se engaja com um empenho assustador em sua tarefa genocida, ávido por servir cegamente a um regime político e seu chefe. Ele organiza minuciosamente o plano de extermínio do povo judeu realizado por seus superiores, negando sua responsabilidade (essa será, ademais, a linha de argumentação de sua defesa por ocasião de seu processo de anos mais tarde; sem grande sucesso, pois será condenado à morte). Atualmente, e em uma perspectiva totalmente diferente, o tecnocrata, por meio de medidas estritas e de regras econômicas, não se preocupa absolutamente com a realidade humana que lhe diz respeito, com as famílias condenadas à precariedade e ao desemprego. Seu mundo é o das equações, dos números e das regras a serem respeitadas. Em uma palavra, o "covarde" e o "asqueroso" evitam sempre a angústia porque eles querem evitar sua liberdade e sua responsabilidade. Sem jamais poder sequer esquecê-las. Pois Eichmann ou um tecnocrata moderno podem sempre negar, mas sabem que as coisas poderiam ter sido diferentes se eles assim tivessem decidido. Sartre se questiona:

> Por meio dessas diferentes construções, logramos sufocar ou dissimular nossa angústia? Certo é que não poderíamos suprimi-la, porque *somos* angústia. Quanto a velá-la [...] fujo para ignorar, mas não posso ignorar que fujo, e a fuga da angústia não passa de um modo de tomar consciência da angústia (*O ser e o nada*, p. 89).

A vertigem diante de si

A angústia está, por isso, sempre presente. Ela é a marca de nossa dignidade como seres livres e responsáveis, obrigados a agir segundo nossa vontade para assumir as consequências disso. Cada um de nós deve escolher para-si, como que negando ser, e no fundo todos somos angustiados pela ideia daquilo que somos e daquilo que faremos.

Diante de um precipício, o medo nos toma. Pensamos em ameaças exteriores: escorregar, um tropeço, alguém que nos empurre etc., enfim, morrer. Nossa angústia mortal está, então, em relação com causas objetivas, causas que não dependem de nós. Mas você nunca se sentiu atraído pelo vazio? Nunca experimentou esse calafrio em que, diante do vazio, vem a ideia de que é possível saltar? A causa da angústia, então, é subjetiva, pois ela nasce da tomada de consciência de que tudo pode ser encarado, que nada exclui que sejamos a origem de nossa perda. Inspirando-se em dois outros filósofos, Heidegger e Kierkegaard, Sartre afirma que a angústia, em sentido estrito, é angústia *diante de si*.

Com efeito, sentimos muitas vezes certa desconfiança em relação a nós mesmos. O que nós mais tememos? Não tanto os acontecimentos exteriores quanto as nossas próprias falhas: somos capazes de fazer o que nos pedem? Estamos à altura? Nós não conhecemos nossas reações com antecedência e, no fundo, nos perguntamos se não somos capazes do pior.

Sobre esse fundo de contingência total e absoluta nasce uma angústia dirigida a si mesmo; uma vertigem e uma angústia fundada no reconhecimento de uma liberdade incontornável e infinita da qual podemos esperar tudo. Pois podemos esperar tudo de nós mesmos:

> É na angústia que o homem toma consciência de sua liberdade, ou, caso se prefira, a angústia é o modo de ser da liberdade como consciência de ser; é na angústia que a liberdade está em seu ser colocando-se a si mesma em questão (*O ser e o nada*, p. 72).

Ao tentar mascarar essa angústia, estamos em má-fé. Somos até mesmo asquerosos na medida em que não duvidamos, pensamos que nosso temperamento está definido de uma vez por todas, que nossas reações são infalíveis, que nossa identidade inteira se explica por uma feliz necessidade. O hábito é nosso aliado. Nossos desejos, nossas relações, nossas ocupações se inscrevem nesse quadro de vida seguro em que a novidade e o risco são rechaçados. Somos o que somos, certos de nós mesmos e do bom fundamento de nossa existência, banindo qualquer questionamento eventual, qualquer movimento rumo a outra coisa, qualquer salto no vazio...

Retornemos a Bouville, aos habitantes da vida fechada a chaves de *A náusea*. Por meio de sua existência rotineira eles evitam a contingência, a angústia latente que pode surgir a qualquer instante, apesar de todas as precauções. Neste livro, o personagem do autodidata é, a propósito disso, exemplar. Ele é como que tomado por si mesmo, pela liberdade e a angústia da escolha: de tanto ter tentado agir como anjo, de se convencer de que era um, ele age como uma besta e se reconhece na ignomínia como um *outro*. Humanista inocente e virtuoso, cheio de bons sentimentos, ávido de conhecimento, ele frequenta assiduamente a biblioteca municipal, local paradisíaco que se transforma para ele em inferno: ele sucumbe diante de dois jovens que lhe revelam seu elã pedófilo. Cai em tentação, sua má-fé voa em pedaços. Ei-lo diante de si mesmo e dos outros, surpreendido por uma velhinha e violentado por um corso, empregado do lugar. No fim do livro, Roquentin, o narrador, na hora de partir, o imagina do seguinte modo:

> O autodidata caminha numa cidade feroz que não se esquece dele. Há pessoas que pensam nele, o corso, a senhora forte; talvez toda a gente, na cidade. Ele ainda não perdeu, não pode perder o seu Eu, esse Eu supliciado, escorrendo sangue, de que não quiseram dar cabo. Os seus lábios, as suas narinas, lhe doem; ele pensa: "Estou sofrendo". Caminha, precisa caminhar. Se parasse um só instante, as altas paredes da biblioteca erguer-se-iam bruscamente em volta dele, encerrá-lo-iam; o corso surgiria a seu lado, e a cena recomeçaria, exatamente a mesma, com todos os detalhes, e a mulher caçoaria: "Deviam é tomar um banho, esses porcalhões". Caminha, não

quer voltar para casa: o corso o espera em seu quarto, e a mulher forte e os dois rapazes: "Não adianta negar, eu bem o vi". E a cena recomeçaria. Ele pensa: "Meu Deus, se eu não tivesse feito isso, se eu pudesse não ter feito isso, se tudo pudesse não ser verdade!" (*La nausée*, p. 240).

A angústia de encarnar a humanidade

O que é positivo ou negativo? Aceitável ou inaceitável? O que devemos preferir? Nós hesitamos, não temos jamais certeza de nós mesmos. Mas nós somos juízes sozinhos. Somos em situação e escolhemos, com toda liberdade, sucumbir ou não à tentação, assim como escolhemos nossa moral, nossa opção política ou nossa concepção de família. Assim, nossas preferências nos encarnam e nos simbolizam. A submissão às mesmas obrigações, a rotina, podem nos colocar particularmente ao abrigo de uma angústia por demais incômoda. Mas a angústia está lá, em filigrana, porque sempre há a aceitação livre de um gênero de vida e a consciência de poder mudá-lo. Trata-se de passar a outra coisa porque as condições e o momento se prestam ao trabalhador infatigável ou ao pai de família dedicado? De viver, enfim, uma paixão até aqui sacrificada em nome do dever? Aparecem, então, as interrogações, as reflexões no âmago de uma agitação bastante presente. É, com efeito, agora o momento de decidir.

Nossos parentes ou amigos são bons para dar conselhos? Nossa escolha é pertinente? Por quais consequências? Uma formidável desilusão ou um fracasso imperdoável não podem ser o que nos espera? Será que estamos à altura de nosso projeto? Onipresentes, a dúvida e a angústia surgem na soleira de uma ação decisiva com questões essenciais para nós e para os outros. Isso fica ainda mais evidente quando temos responsabilidades: se formos um cirurgião, não temos direito de errar; e também no caso de sermos o chefe de uma empresa com o destino de nossos empregados nas mãos. Mas a humanidade em seu conjunto também está implicada. Com efeito. Quando fazemos uma escolha (fidelidade ou adultério, engajamento ou neutralidade política, crença religiosa ou ateísmo), decidimos por nós mas também em função de determinada representação do homem. Nossa vida deve ser considerada como a que mostra o caminho, que mostra o exemplo. Significa que nós jamais escolhemos totalmente sozinhos, é impossível nos separarmos de nossas relações com os outros. Responsáveis por nós mesmos, o somos também pela humanidade. Desse modo, amplificando-se, nossa angústia assume toda uma outra dimensão:

> Quando dizemos que o homem faz a escolha por si mesmo, entendemos que cada um de nós faz essa escolha, mas, com isso, queremos dizer também que, ao escolher por si, cada homem escolhe por todos os homens. Com efeito, não existe um de nossos atos sequer que, criando o homem que queremos ser, não crie ao mesmo tempo uma imagem do homem conforme julgamos que ele deva ser. Fazer a escolha por isto ou aquilo equivale a afirmar ao mesmo tempo o valor daquilo que escolhemos, pois não podemos nunca escolher o mal; o que escolhemos é sempre o bem, e nada pode ser bom para nós sem sê-lo para todos. Se a existência, além do mais, precede a essência, e nós queremos existir ao mesmo tempo em que moldamos nossa imagem, tal imagem é válida para todos e para nossa época inteira. Assim, nossa responsabilidade é muito maior do que poderíamos supor, pois ela envolve a humanidade como um todo. [...] Tudo acontece para cada homem como se a humanidade inteira estivesse sempre com os olhos sobre o que ele faz para agir de maneira semelhante. E cada um deve se perguntar: Sou eu mesmo o homem que tem o direito de agir de forma tal que a humanidade se oriente por meus atos? E se ele não se colocar essa questão é porque está mascarando a angústia. Não se trata, aí, de uma angústia que leve ao quietismo, à inação. Trata-se de uma angústia simples, que todos aqueles que já tiveram responsabilidades conhecem (*O existencialismo é um humanismo*, p. 27, 30).

Diante de tal possibilidade, a angústia pode revelar-se paralisante. Perante um assunto importante, nós pensamos muito, enveredamo-nos por raciocínios intermináveis, postergando sem cessar o momento de agir e reforçando proporcionalmente nossa culpa ante nossa inação. Assim, em *As mãos sujas*, membros do

Partido Comunista ordenam a Hugo assassinar um chefe político, Hoederer. Esse ato é ainda mais difícil porque o valor e a humanidade do dirigente carismático são indiscutíveis. Que fazer então? Obedecer? Apresentado como um intelectual burguês, Hugo reflete, interroga-se; encontra-se cercado pela angústia. Descobrindo sua mulher e Hoederer abraçados, ele passa finalmente ao ato e mata por ciúme! Que concluir disso? Devemos duvidar menos para lançarmo-nos melhor? Pode ser, mas a inquietude e a angústia nem por isso deixam de fazer-se presentes.

Para nos convencermos, tomemos outro caso examinado por Sartre: o de Abraão. Por intermédio de um anjo, Deus lhe ordena que sacrifique seu filho. Mas, é mesmo um anjo? Abraão não está sendo vítima de alucinações? Onde é que ele pode encontrar uma prova irrefutável da legitimidade de seu ato? Abraão não é uma coisa, não se pode dar-lhe um comando como um simples objeto. Paradoxalmente, a ordem que lhe é imposta revela sua liberdade de pensar e hesitar, de agir ou não. Ele conhece a gravidade da questão, sabe que é uma referência para toda a humanidade, ele deve ser exemplar. A angústia está em seu paroxismo, Abraão está só e é totalmente responsável:

> Se uma voz se dirige a mim, sou eu que terei que decidir que esta voz é a voz do anjo; se eu considero que determinado ato é bom, sou eu que escolho declará-lo bom e não mau. Nada me designa como sendo Abraão. No entanto, sou obrigado, a cada instante, a realizar ações exemplares (*O existencialismo é um humanismo*, p. 30).

Para o existencialismo, o desamparo, a angústia e o desespero não justificam a inação, menos ainda as atitudes impulsivas violentas e insensatas. Pelo contrário, confrontam-nos com nossa liberdade de ação com os outros contra todo tipo de alienação. Com efeito, sempre preocupado com o ser humano e com suas condições de existência, o existencialista está vinculado ao engajamento, ao que causa a libertação das pessoas e dos povos.

Questões vitais

1) Você é muitas vezes tomado pela angústia? Em que momentos ela entra em ação e em que medida representa um freio, um limite em sua vida? A que meios você recorreu para diminui-la? Com que eficácia? Sabendo que ela é inevitável porque é ligada à nossa condição, mude de perspectiva. Da próxima vez que a sentir aparecer, tenha em mente que ela expressa seu pensamento e sua liberdade, ou, dito de outra forma, de que representa sua especificidade enquanto ser humano.

2) Você evita a angústia obedecendo a ordens sem refletir, respeitando cegamente instruções? Você consegue, no entanto, dissipar essa angústia, principalmente em situações delicadas, complexas? Você consegue abstrair-se de sua liberdade e de sua responsabilidade? A impossibilidade de ser um autômato ou uma máquina, afinal, não é algo reconfortante?

3) A angústia não se faz ainda mais presente e incômoda quanto mais passivo você é? Questione-se: Será que ela não se apresenta para despertá-lo, para reanimá-lo de uma letargia consentida? Será que ela não seria menos opressiva se você liberasse sua energia, se você reagisse, se mexesse e se inventasse?

4) Você já sentiu uma forte angústia no meio de uma ação importante? Não quis renunciar, de tanto que a emoção o submergia e o desestabilizava? No entanto, tais situações não são inebriantes, pelo fato de revelarem nitidamente seu livre-arbítrio? Não há uma espécie de embriaguez no fato de levar ao ponto mais elevado suas faculdades e suas disposições em momentos essenciais? Não haveria um modo de adquirir gosto por essa embriaguez e deixar para trás uma existência inerte e sem relevância?

5) Da próxima vez que você tiver uma decisão importante para tomar, pergunte-se se ela engaja somente você, ou também os outros. Tente ter em mente que ela pode implicar a humanidade em seu conjunto. Suas ações, sua vida, podem ser referenciais para todas as pessoas: Isso o deixaria paralisado ou motivado? Você consegue ver aí um motivo para maior exigência consigo mesmo?

Engajar-se com o outro
em um projeto humanista

Sartre encarna hoje a imagem típica do "intelectual engajado". Mas o que é um intelectual, e o que significa esse engajamento? Em 1976, em uma entrevista a Claude Lanzmann e Madeleine Gobeil para o canal de TV Rádio Canadá, nosso filósofo usou o exemplo de um cientista nuclear e especificou:

> Um cientista nuclear não é um intelectual, é um cientista, na medida em que ele faz suas pesquisas. O mesmo cientista, se, ao fazer suas pesquisas nucleares, percebe que irá facilitar, com seu trabalho, as possibilidades da guerra atômica, se ele denuncia a coisa, é porque a sente como uma contradição: ele faz o universal, na medida em que estuda a física nuclear, e cria uma possibilidade de um conflito singular, na medida em que, precisamente, esse trabalho pode ser utilizado para fins de guerra. Se ao mesmo tempo, como tantas vezes aconteceu, certo número de cientistas nucleares se reúnem para declarar que não querem que seu trabalho seja utilizado para esses fins, eles vivem sua própria contradição; se mostram ao mesmo tempo e denunciam a contradição exterior, eu digo que eles são intelectuais.

Dessas palavras se depreende uma ideia essencial: devemos colocar nossa liberdade e nossa responsabilidade a serviço de todos. Sartre engajou assim seu pensamento e sua vida em inúmeros combates sociais ou políticos, provando que o existencialismo não prega o individualismo.

Essa filosofia convida antes a situar a dignidade no centro das lutas por igualdade e por justiça, pela emancipação dos indivíduos e dos povos. Ser humanista não tem outro significado: construir um projeto comum tendo a liberdade humana por fundamento.

Nós estamos sempre engajados

O engajamento de que estamos falando não consiste na adesão a um partido ou sindicato, mas no fato de que estamos no mundo sem ter escolhido, sendo inteiramente livres. Somos "embarcados", como diz Pascal; nós devemos *nos* escolher (para o filósofo cristão, cada um está, assim, na necessidade de "apostar", de se posicionar quanto à sua aceitação ou à sua recusa da existência de Deus). Da mesma maneira, para Sartre, o engajamento é uma constatação e uma necessidade, impossível de nos subtrairmos a ele. Qualquer que seja nosso tipo de vida, sempre há uma maneira de engajar-se por meio de algumas escolhas. Quer sejamos empresários, artistas ou místicos, todos nos engajamos à nossa maneira, optando por certos valores em vez de outros e encarnando um projeto existencial.

No entanto, quando pensamos na ideia de engajamento, associamos a ele, comumente, a política. Pois o ser humano não vive sozinho, mas evolui no interior de um grupo, de uma comunidade, de uma sociedade organizada. Ele se inscreve em um conjunto estruturado, hierarquizado, do qual depende sua liberdade de ação. Equivale a dizer que a liberdade, em si mesma irredutível, deve ser posta em relação com um contexto social, político e histórico. Ela também é condição de uma tomada de consciência da alienação, da opressão, e de uma possível libertação. Algumas situações extremas estão aí para nos lembrar disso:

> Nós jamais fomos tão livres quanto sob a ocupação alemã (*Les lettres françaises*, 1944).

Essa fórmula paradoxal de Sartre pode ser facilmente compreendida. Em uma situação crítica como a guerra, cada um de nós é mais do que nunca levado a refletir sobre si mesmo. A pressão de nosso dever de responsabilidade nos envolve, então, com uma acuidade terrível: Devemos fechar os olhos diante do que está acontecendo? Devemos nos submeter? Resistir? Não há escapatória possível, e há somente uma verdade: a absoluta liberdade de definir nosso campo, bem como a urgência de nos engajarmos politicamente.

Ser com o outro em nome da liberdade

O objetivo de nosso combate pela liberdade é nos libertar de todas as formas de alienação. Os valores que escolhemos devem ir nesse sentido, sem esquecer o outro. Pois também somos responsáveis por aquilo que nos tornamos em relação aos outros, ou seja, defensores ou não de sua liberdade por meio de nossas ações. Querer-se livre, através daquilo que se diz ou se faz, é evocar uma humanidade livre; mensurada pela autenticidade, ela é desejada para os outros sob a forma de condições de existência dignas desse nome. Ser *para* o outro, segundo o existencialismo, significa afirmar que a liberdade de escolher não é a de obter, que o escravo é livre mesmo com suas correntes. Não significa, portanto, afiançar a miséria e a injustiça, muito pelo contrário. A liberdade deve ser buscada concretamente, para si e para os outros, mas sem jamais esperar, isto é, sem jamais contar com a providência, com a bondade humana, sem apostar numa evolução lógica e progressiva do ser humano na História.

Aqui podemos pensar no marxismo. Se Sartre vê aí uma fonte de inspiração política, se toma de Marx o modelo de análise da sociedade, se é partidário do comunismo real da União Soviética até a intervenção militar na Hungria de 1956, ele, no entanto, rejeita o racionalismo histórico, essa "necessidade" que conduz os homens, etapa após etapa, rumo a um fim inelutável: o socialismo.

Devemos agir no dia a dia, fazer o que é possível ao longo de um caminho repleto de lutas e de combates, ao modelo de Sartre e de Simone de Beauvoir. Após a guerra, com outros intelectuais, eles fundam *Les temps modernes* (*Os tempos modernos*), revista cuja missão cultural, social e política é claramente apresentada no primeiro número:

> O objetivo longínquo que nos fixamos é uma *libertação*. Uma vez que o ser humano é uma totalidade, não basta, com efeito, conceder-lhe o direito ao voto sem tocar nos outros fatores que o constituem: é preciso que ele se liberte totalmente, ou seja, que se faça *outro*, agindo em sua constituição biológica tanto quanto em seu condicionamento econômico, seus complexos sexuais e também nos dados políticos de sua situação (*Situations II*, p. 23).

A atualidade evidente do engajamento

Devemos, portanto, compreender a filosofia existencialista como uma forma de portar-se no mundo. Ela se renova com a filosofia das origens, a da Grécia antiga, porque ela não é uma abstração pura, mas sim uma forma de viver no coração do real e um meio de fazer frente às dificuldades concretas da existência. Ela participa da emancipação individual e coletiva contra toda forma de alienação. Apenas um ser fundamentalmente livre pode ser prisioneiro, somente o homem pode ser alienado até perder de vista as possibilidades que se abrem a ele (existem circunstâncias atenuantes na má-fé!). A filosofia clareia nosso pensamento, desperta nossa consciência, permite que nos amparemos ante a sociedade e suas normas injustas, ante a obediência que oprime, ante a sujeição que esmaga. Nossa prática filosófica acontece na insubmissão, se exerce nas lutas por libertação.

Os combates de Sartre foram múltiplos, seja em se tratando da independência das ex-colônias francesas (Guerra da Indochina ou Guerra da Argélia), da Revolução Cubana ou de Maio de 1968. De fato, seu engajamento foi incessante e só terminou com sua morte, em 1981. Os livros, ensaios, peças de teatro ou romances não lhe eram suficientes. Ele queria agir por meio de uma presença concreta na rua, nas fábricas, ou no estrangeiro em companhia de líderes independentistas. Diante da injustiça e da opressão colonial, política ou social, ele defendia a liberdade sob a forma de artigos nos jornais, de manifestações ou de entrevistas na TV. Assim, em 1979, na época dos *boat people*[7], a um jornalista da primeira rede de televisão que lhe perguntou por que ele fazia parte do comitê "um barco para o Vietnã", ele respondeu:

> Pessoalmente, eu tomei partido por pessoas que, sem dúvida, não eram minhas amigas da época em que o Vietnã lutava pela liberdade. Mas isso não tem importância. Pois o que conta aqui é que são pessoas, e pessoas em perigo de morte. Eu penso que os direitos humanos implicam que todo ser humano deve buscar socorrer aqueles que se encontram em perigo de morte ou em risco de sérias consequências. É por essa razão que eu estou aqui, quer dizer, deixando de lado completamente minhas ideias políticas e me envolvendo com esse assunto do ponto de vista humano, ou seja, do ponto de vista moral.

Como não pensar, aqui, nas imagens de navios e de barcos repletos até a borda de gente escapando de seu país, arriscando-se a morrer, em busca de uma vida livre e digna... Uma bela lição, quando o atentismo[8] nos espreita! Meditamos quando a inação nos entorpece! Pois hoje, assim como ontem, é nossa responsabilidade tomar consciência das crescentes desigualdades, do aumento da discriminação, da padronização assustadora dos comportamentos em escala mundial, de uma homogeneização planetária de opiniões e comportamentos em detrimento de toda singularidade individual ou coletiva. E a lista vai longe. Podemos ultrapassar o individualismo ambiente em um mundo onde a miséria se amplia, onde milhões de pessoas, sem mais nenhuma dignidade, encontram-se em situação precária, sem emprego e abandonadas. Pode-

---

7 *Boat people* refere-se aos refugiados que fugiram do Vietnã de barco e navio após a Guerra do Vietnã, especialmente durante 1978 e 1979, porém continuando até o início da década de 1990 [N.T.].

8 Fala-se de atentismo quando aqueles que deveriam impulsionar a transformação ficam à espera de que essa transformação aconteça sem eles próprios se envolverem, e quando esse próprio envolvimento é condição para que a transformação se dê [N.T.].

mos recusar a nos fechar em nós mesmos e nos ocupar da exclusão de uma parte da população em razão de suas origens étnicas ou de suas preferências sexuais. Podemos nos recusar a ser meros expectadores dos desvios políticos ou religiosos, dos extremismos e dos fanatismos que ameaçam o conjunto de nossa sociedade. Enfim, o engajamento está sempre ao nosso alcance; podemos nos informar, abrir os olhos para a realidade e agir. É sempre possível dar um pouco do seu tempo no âmbito de uma associação que luta contra a pobreza, contra o isolamento dos idosos ou que combate o analfabetismo. Também sempre é possível aderir a um sindicato, a um partido, para deixar nascerem novas ideias, novos projetos de vida em comum.

O engajamento é mais do que nunca necessário. Precisamos tirar as lições do fundador do existencialismo e compreender que apenas os esforços e o movimento têm importância diante da renúncia passiva, diante do egoísmo insensível. Devemos sempre nos lembrar:

> Não é preciso esperar para começar (*O existencialismo é um humanismo*, p. 41).

O existencialismo é tudo menos um individualismo

O ser humano está no princípio e no fim da filosofia sartreana. Partindo do sujeito livre e pensante, ela desemboca em uma moral altruísta e generosa. Não é, em Sartre, nem indiferença nem egoísmo, opostamente ao que possam dizer ou escrever:

> Uns e outros [comunistas e católicos] nos acusam de faltar para com a solidariedade humana, e considerar o homem um ser isolado, em grande parte, porque nós partiríamos, dizem os comunistas, da pura subjetividade, quer dizer, do *eu penso* cartesiano, e do momento em que o homem se encontra consigo em sua solidão, o que nos tornaria incapazes, em consequência, de retornar à solidariedade com os homens que estão fora de nós mesmos e que não podemos atingir no *cogito* (*O existencialismo é um humanismo*, p. 19-20).

Em suma, dizer *eu penso* fecharia cada um dentro de si mesmo, no plano teórico e prático. É impossível provar a existência de outras consciências, bem como é impossível negar a certeza da consciência de si mesmo, de onde temos uma consequência inevitável: o cuidado apenas por si, às custas dos outros. No entanto, como vimos, a intersubjetividade obriga a admitir a existência de nosso pensamento em sua dependência com o dos outros, assim como o subjetivismo obviamente implica nossa responsabilidade total em relação ao outro.

O existencialismo, portanto, está bem distante do individualismo moral e convida a um real cuidado por nós mesmos e pelos outros em uma atenção constante ao que de fato conduz à liberdade. Se a reflexão filosófica revela nosso livre-arbítrio, devemos então ser de boa-fé, coerentes, para extrair todas as consequências disso: desamparados, partidários da autenticidade e, portanto, preocupados com a liberdade no mais alto grau, não podemos negligenciar a liberdade do outro. A angústia é compreensiva, uma vez que nossa responsabilidade ultrapassa nossa estrita individualidade:

> O homem é responsável pelo mundo e por si mesmo enquanto maneira de ser (*O ser e o nada*, p. 678).

No desespero, com razão e lucidez, e sempre no quadro daquilo que depende de nossa vontade, devemos agir com e para os outros por meio de engajamentos reais, por causas determinadas:

> Quando declaro que a liberdade, em cada circunstância concreta, não pode ter outro fim que procurar a si mesma; se o homem reconheceu, a certa altura, que estabeleceu valores no desamparo, ele não pode querer outra coisa senão a liberdade como fundamento de todos os valores. Isso não significa querê-la abstratamente. Significa, simplesmente, que os atos dos homens de boa-fé têm como última significação a busca da liberdade enquanto tal. Um homem que adere a determinado sindicato, comunista ou revolucionário, tem objetivos concretos; esses objetivos implicam uma vontade abstrata de liberdade; mas tal liberdade se quer no concreto. Nós queremos a liberdade para a liberdade e através de cada circunstância

particular. E, querendo a liberdade, descobrimos que ela depende inteiramente da liberdade dos outros, e que a liberdade dos outros depende da nossa (*O existencialismo é um humanismo*, p. 55).

Assim, não devemos jamais esquecer o outro, quer se trate do desfavorecido, do oprimido ou do excluído pelo qual é preciso engajar-se e lutar. Da mesma forma, não devemos esquecer jamais o "asqueroso", seus argumentos perniciosos, suas estratégias nocivas para negar a liberdade e defender seus interesses: um asqueroso deve ser combatido sem trégua!

Um humanismo não concluído, mas por fazer-se

Situado no centro dos escritos de Sartre, o homem está por fazer-se. Assim, não temos que nos *tornar*, no sentido de enxergarmos no horizonte da humanidade uma realização final ou um modelo pronto a ser executado. A visão existencialista não é teleológica, não há um fim a ser atingido ou tornado real; não há referência a um homem arquetípico ou a uma sociedade ideal a ser edificada. Nada está decidido, por Deus ou na História. A filosofia existencialista critica o humanismo finalista, sempre arbitrário e exclusivo, potencialmente violento por ser normativo. Considerar a humanidade passada ou presente como uma fase preparatória, como um esboço de uma perfeição vindoura, é definir como o ser humano deve ser, cair no essencialismo e aproximar-se do fascismo: vilipendiada e corrompida, a humanidade deve renascer sob o impulso de um amplo movimento redentor que legitima todos os excessos!

O existencialismo é, assim, um humanismo na medida em que nos repõe centrados no essencial: a liberdade. Preocupar-se com o homem não é concebê-lo como se fosse uma coisa, um fenômeno determinado por causas que lhe escapam. É, ao contrário, lembrá-lo de que é a única causa de si mesmo, que sua situação exige que ele decida a si mesmo agindo. Nada o define antes de uma vida marcada por suas escolhas, construída por suas decisões, aberta para possibilidades a serem exploradas:

> Humanismo, porque lembramos ao homem que não há outro legislador senão ele mesmo, e que é no desamparo que ele decidirá por si mesmo; e porque mostramos que não é voltando-se para si mesmo, mas sempre buscando fora de si um fim que consiste nessa liberação, nesta realização particular, que o homem se realizará precisamente como humano (*O existencialismo é um humanismo*, p. 61).

O humanismo sartreano não tem nada a ver com nenhum dogmatismo. Cabe a cada um apropriar-se dele e construí-lo através de uma existência zelosa de sua singularidade na afirmação constante da liberdade, para si mesmo e para os outros. Nesse sentido, ele pode permitir que vislumbremos a constituição de uma verdadeira "comunidade humana"...

Elementos de uma vida

É em *As palavras* (1964) que Jean-Paul Sartre, nascido em 21 de junho de 1905, delineia os primeiros dez anos de sua vida. Faz apenas dois anos que seu pai morreu. Criado em Paris por sua mãe e seus avós maternos, ele realiza estudos brilhantes que o levam à Escola Normal Superior e à Agregação em Filosofia, obtida em 1929 (recebido primeiro, ele ultrapassa Simone de Beauvoir, que conhecera alguns anos antes).

Professor em Havre, parte por um ano à Alemanha em 1933 (ano da chegada de Hitler ao poder) a fim de aprofundar seus estudos sobre a fenomenologia de Edmundo Husserl, filósofo cuja influência será decisiva em seu próprio pensamento.

De volta à França, Sartre retoma seu ofício de professor ao mesmo tempo em que se dedica a obras filosóficas e literárias. Seu primeiro livro publicado é *A náusea* (1938), ponto de partida para uma notoriedade que só irá aumentar ao longo dos anos.

Mobilizado e, em seguida, feito prisioneiro por alguns meses na Alemanha, Sartre retorna a Paris e opta por uma literatura engajada: sua forma de resistência à Ocupação (aliás, o criticariam, em seguida, por sua falta de engajamento concreto contra os nazistas).

Publica artigos políticos, colabora em diversos jornais, inclusive o *Combat*, trabalha no então célebre Café de Flore em suas obras filosóficas, seus romances e suas peças de teatro, das quais algumas, como *A portas fechadas*, são encenadas durante a guerra.

É durante esse período que é publicado seu ensaio filosófico principal, *O ser e o nada* (1943).

A criação da revista *Les temps modernes* no jornal *Libération*, no qual se encontram, entre outros, intelectuais como Simone de Beauvoir, Maurice Merleau-Ponty ou Raymond Aron, marca uma virada no engajamento político de Sartre. Seus textos são caracterizados a partir daí por uma presença real e reivindicatória em campo e em todas as frentes. O pós-guerra é também o momento em que se dá uma conferência célebre que se transforma em livro: *O existencialismo é um humanismo* (1945). É também o tempo de um movimento cultural, da "moda" existencialista, de uma juventude fervilhante ávida por liberdade que se encontra nos cafés ou clubes de jazz de Saint-Germain-des-Prés com Juliette Gréco, Boris Vian ou Mouloudji.

Inspirado pelo marxismo, Sartre mantém relações complexas com o Partido Comunista. Inicialmente oposto ao Partido Comunista Francês (PCF), dele se aproxima a partir de 1952 até a invasão dos carros russos na Hungria em 1956. Esse curto período, durante o qual realiza diversas viagens à União Soviética, custam-lhe algumas de suas amizades, inclusive a de Merleau-Ponty. Aproximando-se, na sequência, do Maoísmo, Sartre, acompanhado de Simone de Beauvoir, percorre o mundo, encontra os atores das revoluções socialistas (Mao e Fidel Castro) e adquire notoriedade internacional. Engajado politicamente, partidário da descolonização na Argélia e em outras partes, Sartre não deixa igualmente de escrever. Assim são publicadas *As palavras*, em 1964, ano da recusa do Prêmio Nobel de Literatura, para "não se deixar transformar em instituição".

Apoiando os estudantes de Maio de 1968, Sartre vê infelizmente sua saúde piorar (a dificuldade para enxergar vai tornando-se para ele uma deficiência crescente) e seus projetos não avançarem. No entanto, continua a publicar obras no começo dos anos de 1970: os três tomos de *O idiota da família*, dedicados a Flaubert, aparecem nas livrarias, e o jornal *Libération*, de que ele é um dos fundadores, é distribuído nas ruas. Rodeado de pessoas, apoiado entre outros por Simone de Beauvoir e Pierre Victor, jovem maoísta que se torna seu confidente, Sartre publica em 1974 seu último livro, constituído de uma série de entrevistas sobre a política: *On a raison de se révolter* (*Temos razão de nos revoltar*, tradução livre). Sua saúde declina e em 15 de abril de 1980 se anuncia sua morte decorrente de um edema pulmonar.

Seu funeral é seguido por milhares de pessoas e é objeto de uma homenagem internacional. Celebra-se a figura emblemática de um intelectual engajado. Os elogios, as honras, abundam na televisão e nos jornais, como afluem as lembranças, as histórias e os clichês.

Tendo-se tornado presa dos vivos, definitivamente indefeso e impotente, Sartre está entregue aos discursos mais contraditórios em que se misturam hipocrisia e franqueza, falsidade e verdade, impostura e lealdade. "Entra-se num morto como quem entra num moinho", escrevia ele no prefácio de seu livro dedicado a Flaubert...

Hoje, para além das controvérsias e a mais de trinta anos de sua morte, esboça-se um consenso em torno do existencialismo sartreano: o de que se está diante de uma obra plural e magistral, escrita por um dos grandes pensadores do século XX.

Guia de leitura

Obras de Sartre

O ser e o nada – Trata-se do livro central da filosofia sartreana, a exposição mais densa e mais completa de suas ideias. Obra técnica, no entanto, tem uma abordagem às vezes difícil para o não especialista.

O existencialismo é um humanismo – Conferência proferida por Sartre após a guerra, esse livro é recomendável a quem procura se iniciar no pensamento de Sartre. Traz uma síntese clara e viva dos principais temas do existencialismo.

Crítica da razão dialética – Um livro volumoso onde são tratadas as relações entre o existencialismo e o marxismo. Uma reinterpretação do pensamento de Marx em um estilo, por vezes, bastante árduo.

Reflexões sobre a questão judaica – Ensaio político que procura determinar uma genealogia do antissemitismo, identificar a figura do "salaud" (canalha) antissemita e sua "produção": o judeu. Exposição minuciosa, rica e esclarecedora.

A nausea – Ficção brilhante em que se revela o gênio literário de Sartre. Apresenta os principais temas de sua filosofia desenvolvidos, depois, em *O ser e o nada.*

Entre quatro paredes – "O inferno são os outros", fórmula bem conhecida de uma peça de teatro que vale a pena ler ou assistir pela riqueza e intensidade dos diálogos em torno da temática da morte.

As palavras – Relato autobiográfico, descrição da infância de Sartre e balanço sem concessões de um homem à beira de sua velhice. Um "adeus à literatura" e um dos mais belos livros do filósofo.

LEIA TAMBÉM:

Afirmar-se com Nietzsche

Balthasar Thomass

A filosofia sempre teve por ambição melhorar nossa vida, fazendo-nos compreender quem somos. Mas a maior parte dos livros de filosofia se interessa, sobretudo, pela questão da verdade e se limita a estabelecer fundamentos teóricos, sem se interessar pelas aplicações práticas. Nessa obra, ao contrário, os autores vão se interessar pelo que podemos tirar de uma grande filosofia para mudar nossa vida: a minúcia do quotidiano, como o olhar que lançamos sobre a nossa existência e o sentido que lhe damos.

Esse livro não é somente um livro para ser lido, mas também um livro para ser praticado. Questões concretas sobre a sua vida se seguem às teses apresentadas em cada capítulo. Não seja passivo, arregace as mangas para interrogar sua experiência e dela extrair respostas honestas e pertinentes. Exercícios concretos o incitarão a pôr em prática os ensinamentos do filósofo na sua vida. Da mesma forma, esforce-se em apropriar-se deles e encontrar situações oportunas para praticá-los com seriedade.

Será que você está pronto para a viagem? Ela pode revelar-se surpreendente, por vezes árida, por vezes chocante. Será que você está pronto para se sentir desestabilizado, projetado em uma nova maneira de pensar, e, portanto, de viver? Essa viagem através das ideias de um filósofo do século XIX também o transportará ao mais profundo de si mesmo. Então, deixe-se guiar ao longo das páginas, ao longo das questões e das ideias, para descobrir como o pensamento de Nietzsche pode mudar sua vida.

Balthasar Thomass é professor-associado de Filosofia.

Filosofia: e nós com isso?

Mario Sergio Cortella

A principal contribuição da Filosofia é criar obstáculos, de modo a impedir que as pessoas fiquem prisioneiras do óbvio, isto é, que circunscrevam a sua existência dentro de limites estreitos, de horizontes indigentes e de esperanças delirantes.

A Filosofia não é a única que pode dificultar a nossa mediocrização, mas é aquela que tem impacto mais significativo nessa empreitada, pois requer um pensamento e uma reflexão que ultrapassem as bordas do evidente e introduzam alguma suspeita naquilo que vivemos e acreditamos. Em outras palavras, a Filosofia estende a nossa consciência e fortalece nossa autonomia.

Toda dimensão reflexiva precisa ser radical, ou seja, lançar raízes profundas e escapar da superficialidade.

A Filosofia, quando sistemática e não dogmática, nos oferece algumas ferramentas mentais para procurar mais precisão no foco de uma existência que, mesmo que finita, não precisa ser vulgar e parasitária; ela implica aprofundar as "razões" e os "senões" daquilo que, ao mesmo tempo, se deseja e se percebe viável.

Mais do que uma Filosofia do cotidiano seria uma Filosofia no cotidiano! Isto é, a presença da indagação filosófica sobre temas da nossa vivência de agora, iluminados pela história do pensamento, mas sem mergulhar em meras abstrações eruditas, com simplicidade (sem ser simplória) e com compreensibilidade (sem ser superficial).

Mario Sergio Cortella, nascido em Londrina/PR em 05/03/1954, filósofo e escritor, com mestrado e doutorado em Educação, professor-titular da PUC-SP (na qual atuou por 35 anos, 1977/2012), com docência e pesquisa na Pós-Graduação em Educação: Currículo (1997/2012) e no Departamento de Teologia e Ciências da Religião (1977/2007); é professor-convidado da Fundação Dom Cabral (desde 1997) e ensinou no GVpec da FGV-SP (1998/2010). Foi secretário municipal de Educação de São Paulo (1991-1992). É autor de mais de 35 livros com edições no Brasil e no exterior, entre eles, pela Vozes, *Não espere pelo epitáfio!*; *Não nascemos prontos!*; *Não se desespere!*; *Filosofia e Ensino Médio: certas razões, alguns senões, uma proposta*; *Pensar bem nos faz bem!* (4 volumes); *Felicidade foi-se embora?* (com Frei Betto e Leonardo Boff) e *Qual é a tua obra?: inquietações propositivas sobre gestão, liderança e ética*.

Coleção Chaves de Leitura

Coordenador: Robinson dos Santos

A Coleção se propõe a oferecer "chaves de leitura" às principais obras filosóficas de todos os tempos, da Antiguidade Grega à Era Moderna e aos contemporâneos. Ela se distingue do padrão de outras introduções por ter em perspectiva a exposição clara e sucinta das ideias-chave, dos principais temas presentes na obra e dos argumentos desenvolvidos pelo autor. Ao mesmo tempo, não abre mão do contexto histórico e da herança filosófica que lhe é pertinente. As obras da Coleção Chaves de Leitura não pressupõem um conhecimento filosófico prévio, atendendo, dessa forma, perfeitamente ao estudante de graduação e ao leitor interessado em conhecer e estudar os grandes clássicos da Filosofia.

Coleção Chaves de Leitura:

- *Fundamentação da metafísica dos costumes – Uma chave de leitura*
  Sally Sedgwick

- *Fenomenologia do espírito – Uma chave de leitura*
  Ralf Ludwig

- *O príncipe – Uma chave de leitura*
  Miguel Vatter

- *Assim falava Zaratustra – Uma chave de leitura*
  Rüdiger Schmidt e Cord Spreckelsen

- *A república – Uma chave de leitura*
  Nickolas Pappas

- *Ser e tempo – Uma chave de leitura*
  Paul Gorner

O que é poder?

Byung-Chul Han

Ainda existe em relação ao conceito de poder um caos teórico. Opõe-se à evidência do seu fenômeno uma obscuridade completa de seu conceito. Para alguns, significa opressão. Para outros, um elemento construtivo da comunicação. As representações jurídicas, políticas e sociológicas do poder se contrapõem umas às outras de maneira irreconciliável. O poder é ora associado à liberdade, ora à coerção. Para uns, baseia-se na ação conjunta. Para outros, tem relação com a luta. Os primeiros marcam uma diferença forte entre poder e violência. Para outros, a violência não é outra coisa senão uma forma intensiva de poder. Ele ora é associado com o direito, ora com o arbítrio.

Tendo em vista essa confusão teórica, é preciso encontrar um conceito móvel que possa unificar as representações divergentes. A ser formulada fica também uma forma fundamental de poder que, pelo deslocamento de elementos estruturais internos, gere diferentes formas de aparência. Este livro se orienta por essa diretriz teórica. Desse modo, poderá ser chamado poder qualquer poder que se baseie no fato de não sabermos muito bem do que se trata.

Byung-Chul Han nasceu na Coreia, mas fixou-se na Alemanha, onde estudou Filosofia na Universidade de Friburgo e Literatura Alemã e Teologia na Universidade de Munique. Em 1994, doutorou-se em Friburgo com uma tese sobre Martin Heidegger. É professor de Filosofia e Estudos Culturais na Universidade de Berlim e autor de inúmeros livros sobre a sociedade atual, dentre os quais *Sociedade do cansaço*, *Sociedade da transparência*, *Topologia da violência*, *Agonia do Eros* e *No enxame*, publicados pela Editora Vozes.

CULTURAL

Administração
Antropologia
Biografias
Comunicação
Dinâmicas e Jogos
Ecologia e Meio Ambiente
Educação e Pedagogia
Filosofia
História
Letras e Literatura
Obras de referência
Política
Psicologia
Saúde e Nutrição
Serviço Social e Trabalho
Sociologia

CATEQUÉTICO PASTORAL

Catequese
Geral
Crisma
Primeira Eucaristia

Pastoral
Geral
Sacramental
Familiar
Social
Ensino Religioso Escolar

TEOLÓGICO ESPIRITUAL

Biografias
Devocionários
Espiritualidade e Mística
Espiritualidade Mariana
Franciscanismo
Autoconhecimento
Liturgia
Obras de referência
Sagrada Escritura e Livros Apócrifos

Teologia
Bíblica
Histórica
Prática
Sistemática

REVISTAS

Concilium
Estudos Bíblicos
Grande Sinal
REB (Revista Eclesiástica Brasileira)

VOZES NOBILIS

Uma linha editorial especial, com importantes autores, alto valor agregado e qualidade superior.

VOZES DE BOLSO

Obras clássicas de Ciências Humanas em formato de bolso.

PRODUTOS SAZONAIS

Folhinha do Sagrado Coração de Jesus
Calendário de mesa do Sagrado Coração de Jesus
Agenda do Sagrado Coração de Jesus
Almanaque Santo Antônio
Agendinha
Diário Vozes
Meditações para o dia a dia
Encontro diário com Deus
Guia Litúrgico

CADASTRE-SE
www.vozes.com.br

EDITORA VOZES LTDA.
Rua Frei Luís, 100 – Centro – Cep 25689-900 – Petrópolis, RJ
Tel.: (24) 2233-9000 – Fax: (24) 2231-4676 – E-mail: vendas@vozes.com.br

UNIDADES NO BRASIL: Belo Horizonte, MG – Brasília, DF – Campinas, SP – Cuiabá, MT
Curitiba, PR – Fortaleza, CE – Goiânia, GO – Juiz de Fora, MG
Manaus, AM – Petrópolis, RJ – Porto Alegre, RS – Recife, PE – Rio de Janeiro, RJ
Salvador, BA – São Paulo, SP